Sistema Universale E Completo Di Stenografia O Sia Maniera Di Scrivere In Compendio Applicabile A Tutti Al Idiomi......

Emilio Amanti, Taylor

Prospetto

del Meccanismo della Scrittura Stenografica.

Il serait aisé de faire avec les seules consonnes, une langue fort claire.
J.J. Rousseau. *Essai sur l'Origine des Langues.*

FORMA DEI CARATTERI STENOGRAFICI
presa dai segni più semplici della natura.

La linea retta ha dato quattro *segni* …*, *il circolo* quattro …, *la Linea anellata* quattro …, *la curva* tre …, *e la* r *usuale* una; *che insieme compongono* l'Alfabeto. *Una curva* …, *ed una anellatura* … *o, formano due desinenze; e la virgola ed il punto rappresentano le vocali iniziali: come si vede nell' istruzione.*

Esempio di parole Stenografiate.

Tipo ordinario	Flebile	Sublime	Febrile
Simile ridotto alle sole consonanti	Flbl	Sblm	Fbrl
Lettere stenografiche			
Simili unite insieme			
Tipo ordinario	Inverno	Nessuno	Senso
Simile ridotto alle sole consonanti	.nvrn	Nsn	Sns
Lettere stenografiche			
Simili unite insieme			
Tipo ordinario	Fervore	Soffocarsi	Servizio (a)
Simile ridotto alle sole consonanti	Frvr	Sfcrs	Srvz
Lettere stenografiche			
Simili unite insieme			

* *La Linea obliqua indicata dall asterisco, rappresenta due lettere differenti.* Vedete l'istruzione.

(a) *La forma regolare che hanno le sudette parole nella scrittura stenografica, ne ha fatto preferire la scelta, come più adatte alla dimostrazione.*

Incis' a Parigi da Dien per conto di E. Amanti.

Sistema

universale e completo

DI

STENOGRAFÌA

O SÌA

MANIERA DI SCRIVERE IN COMPENDIO

applicabile a tutti gl' idiomi

fondato sopra semplici e facili principj, i cui elementi possono apprendersi in un' ora, ed essere in pochissimo tempo in grado di seguire la parola di un oratore.

INVENTATO da Samuel Taylor

Professore di Stenografia a Oxford, e nelle Università di Scozia e d'Irlanda

ADATTATO alla Lingua Italiana

da

EMILIO AMANTI

e Dedicato

A Sua Altezza Imperiale

IL PRINCIPE

EUGENIO-NAPOLEONE DI FRANCIA.

VICE-RE D'ITALIA &c. &c. &c.

PARIGI, 1809.

Prezzo 9 Franchi.

Incis' a Parigi da Dien per conto di E. Amanti.

Al Sig.r Innocenzo Goubeau

In segno di stima e di affettuoso attaccamento,

L'Autore.

Estratto della legge del 19 Luglio 1793.

ART. III. Les officiers de paix, juges de paix ou commissaires de police, seront tenus de faire confisquer, à la réquisition et au profit des auteurs, compositeurs, peintres ou dessinateurs, leurs héritiers ou cessionnaires, tous les exemplaires des éditions imprimées ou gravées sans la permission formelle et par écrit des auteurs.

ART. IV. Tout contrefacteur sera tenu de payer au véritable propriétaire une somme équivalente au prix de trois mille exemplaires de l'édition originale.

ART. V. Tout débitant d'édition contrefaite, s'il n'est pas reconnu contrefacteur, sera tenu de payer au véritable propriétaire une somme équivalente au prix de cinq cents exemplaires de l'édition originale.

In conformità della legge, due esemplari ne sono stati depositati alla Biblioteca Imperiale.

Ogni esemplare avrà la seguente firma di E. AMANTI.

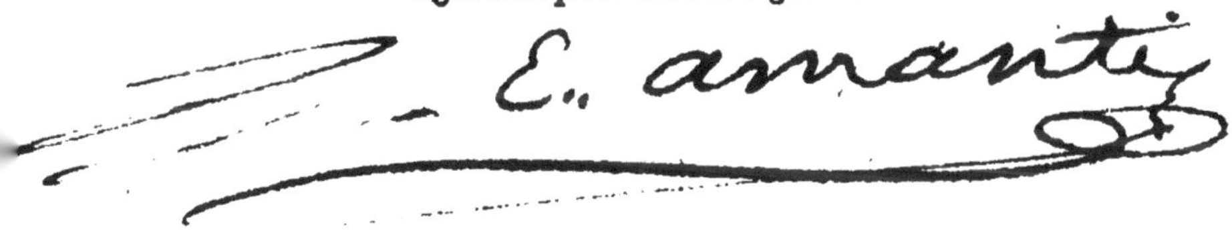

A SUA ALTEZZA IMPERIALE

IL PRINCIPE

EUGENIO-NAPOLEONE

DI FRANCIA,

VICE-RE D' ITALIA, ETC., ETC., ETC.

Altezza Imperiale,

Se il giudizio di chi degnossi di approvare la mia fatica non erra, parmi aver soddisfatto al desiderio della studiosa gioventù italiana, che bramava da gran tempo di vedere adatto al natio idioma il compendioso metodo di scrivere, detto *stenografia*, onde in ogni culta età e nazione trassero gli scrittori sì luminosi vantaggi.

Per compiere lo scopo propostomi nel prendere tal lavoro, non altro mi rimaneva da bramare se non che l' *Altezza Vostra Imperiale* si degnasse di accogliere il mio libro con quella innata soavità, onde signoreggia i cuori di chi ha la fortuna d' esserle suddito. Io il consacrai all' *Imperiale Altezza Vostra* sin da quando ne concepii il disegno; ed oggi che l'opera è ridotta a quella perfezione che per me si è potuto maggiore, qualunque ne sia il merito, niuno potrà negarle almeno il distintissimo onore di comparir alla luce con in fronte l' adorato nome dell' *Augusto Principe*, nelle cui paterne sollecitudini, magnanimità e grandezza la più lieta parte d' Italia ripose sue speranze e sua gloria.

Sono con venerazione profonda,

Dell' Imperiale Altezza Vostra,

Umilissimo e Devotissimo Servo

Emilio Amanti.

LETTERE

DIRETTE ALL' AUTORE

DAI

PRINCIPALI STENOGRAFI

DI PARIGI.

LETTRE

De monsieur Bertin, traducteur en français de la Sténographie de Taylor.

Monsieur,

J'ai lu avec le plus vif intérêt votre traduction du systême abréviatif de Taylor, que j'ai fait moi-même connaître en France.

Les changemens que vous y avez apportés, et que permettait votre langue, prouvent indubitablement que l'idiome italien est de tous les dialectes modernes celui qui se prête le plus à l'adoption d'une écriture susceptible de fixer les sons fugitifs de la voix.

La préférence donnée, pour atteindre ce but, à la sténographie sur toutes les autres méthodes, par un homme aussi éclairé que vous, monsieur, est le suffrage le plus avantageux auquel elle pût prétendre; et cette honorable distinction porte le dernier coup aux procédés dont la nullité est prouvée, et dont la raison depuis long-temps avait déjà fait justice: l'art ne peut que vous en avoir obligation.

J'ai l'honneur d'être, monsieur, avec une entière considération,

Votre très-humble et très-obéissant serviteur,

Bertin.

LETTERA

Del signor Bertin, *traduttore in francese della Stenografia di Taylor.*

Signore,

Col più vivo interesse ho letta la vostra traduzione del sistema compendioso di Taylor, che io stesso ho fatto conoscere in Francia.

I cambiamenti da voi fattivi, e che la vostra lingua permetteva, pruovano senza dubbio che l' idioma italiano è di tutti i dialetti moderni quello a cui si può più facilmente adattare una specie di caratteri atti a fissare i suoni fuggitivi della voce.

La preferenza data, per pervenire ad un tal fine, alla stenografia sopra tutti gli altri metodi, da un uomo illuminato qual voi siete, è il suffragio più vantaggioso, a cui essa poteva aspirare; e questa onorevole distinzione dà l' ultimo crollo ai sistemi la cui nullità è provata, e dei quali la ragione da gran tempo aveva di già reso giustizia: gli amici dell' arte non possono se non esservene obbligati.

Ho l' onore di essere, con tutta la considerazione,

Vostro umilissimo ed obbedientissimo servitore,

Bertin.

LETTRE

De monsieur J. B. J. Breton, sténographe près les tribunaux.

Monsieur,

J'ai lu avec le plus vif intérêt le manuscrit de votre traduction en italien de la sténographie de Taylor, adaptée à la langue française par monsieur Bertin.

Je ne puis qu'applaudir à la résolution que vous avez prise de faire connaître à votre patrie une méthode d'abréviation qui m'a été de la plus grande utilité, soit pour recueillir et conserver à la postérité les discours des orateurs les plus célèbres, soit pour me soulager dans mes travaux littéraires.

En effet, si l'utilité de la sténographie est évidente et incontestable lorsqu'on l'emploie pour fixer sur le papier les sons fugitifs de la voix, avec la même rapidité que la bouche les prononce, elle n'est pas d'un moindre secours à l'homme de lettres, qui s'en sert pour rassembler des notes, faire des compilations, des extraits, et rédiger ses premières idées.

Nous voyons dans les mémoires de l'abbé Barthélemy, que lorsque ce savant se mit à réaliser le plan de son immortel Voyage d'Anacharsis, « il

LETTERA

Del signor G. B. G. Breton, *stenografo presso i tribunali.*

Signore,

Ho letto col più vivo interesse il manoscritto della vostra traduzione in italiano della stenografia di Taylor, adattata alla lingua francese dal signor Bertin.

Io non posso se non applaudire alla risoluzione da voi presa di far conoscere alla vostra patria un metodo di abbreviazione che mi è stato sì utile, tanto per raccogliere e trasmettere alla posterità i discorsi degli oratori più celebri, quanto per allegerirmi dalle fatiche letterarie.

Infatti, se l' utilità della stenografia è evidente ed indubitata per fissar sulla carta i suoni fuggitivi della voce colla stessa rapidità che la bocca gli pronuncia, essa non è di minor soccorso all' uomo di lettere, il quale se ne serve per raccoglier note, far compilazioni, estratti, e redigere le sue prime idee.

Noi osserviamo nelle memorie dell' abate Barthelemy, che quando quest' uomo dotto si pose a realizzare il piano del suo immortale Viaggio di Anachar-

» *relut tous ses auteurs*, la plume à la main, *mar-*
» *quant sur des cartes tous les traits qui pouvaient*
» *éclaircir son sujet, etc.* »

Combien n'aurait-il pas eu de facilité pour un travail aussi aride qu'immense, s'il eût pu faire usage d'un procédé aussi commode que la sténographie!

Quant à moi, je suis accoutumé depuis plusieurs années à tirer de la sténographie tout le parti possible. Elle m'a singulièrement facilité l'étude des langues, et m'a permis de livrer à l'impression un assez grand nombre d'ouvrages, en moitié moins de temps que n'aurait pu le faire tout autre, à égalité de connaissances, d'habileté, de soins et de recherches. Ma Bibliothéque Géographique, *ou recueil de voyages en 72 volumes* in-18, *que j'ai traduite en partie de l'allemand de Campe, en partie de plusieurs auteurs anglais et italiens, dans moins de six années, peut en fournir une preuve convaincante.*

Les changemens que vous avez faits, monsieur, soit à la méthode anglaise, soit à la méthode française, m'ont paru singulièrement heureux, et tels qu'on devait les attendre de la différence des idiomes. La langue italienne est, par les raisons que vous expliquez fort bien dans votre ouvrage, plus propre à la sténographie, que toute autre langue de l'Europe. Je suis étonné que jusqu'ici aucun de vos compatriotes n'ait songé à enrichir l'Italie d'une importation aussi précieuse, et d'autant plus

sis, *rilesse tutti i suoi autori*, COLLA PENNA IN MANO, *segnando sopra carte tutti i concetti che potevano illustrare il suo argomento, etc.*

Quanta facilità non avrebbe egli avuto per tal lavoro immenso e sì arido, se avesse potuto far uso di un metodo così comodo com' è la stenografia!

Per me, io sono abituato da molti anni a valermi, in quanto è possibile, della stenografia. Essa mi ha singolarmente facilitato lo studio delle lingue, e mi ha permesso di dare alla stampa un gran numero di opere, in metà meno di tempo, che non avrebbe potuto farlo chiunqu' altro con eguali cognizioni, abilità, cure e ricerche. La mia *Biblioteca Geografica*, o sia raccolta di viaggi, in 72 volumi in-18, che ho tradotto parte dal tedesco di Campe, parte da diversi autori inglesi ed italiani, in meno di sei anni, può somministrarne una pruova convincente.

I cambiamenti da voi fatti, tanto al metodo inglese, quanto al metodo francese, mi son sembrati singolarmente eccellenti, e quali dovevano aspettarsi dalla differenza degl' idiomi. La lingua italiana è, per le ragioni che voi spiegate benissimo nella vostr' opera, più atta alla stenografia di ogni altra lingua dell' Europa. Io son sorpreso che fino ad ora nessuno de' vostri compatriotti abbia pensato ad arricchire l' Italia di un' importazione sì preziosa, e tanto più

utile aujourd'hui que l'usage de la plaidoierie verbale est établi dans les tribunaux italiens, comme dans les tribunaux français.

Il est vrai que monsieur Molina de Milan a entrepris de publier une sténographie italienne; mais il a préféré à la gloire plus modeste quoique plus solide de traduire un bon ouvrage, celle de se constituer inventeur, et il n'a que très-médiocrement réussi.

Son ouvrage est intitulé, Scrittura elementare, o sia arte di scrivere colle sole radici dell' Alfabeto, dal cittadino Molina, Milano 1797.

Pour ne point multiplier les signes de son alphabet sténographique, monsieur Molina a rejeté nos lignes bouclées, et celles qui commencent ou finissent par un crochet; il n'a conservé que le point, la ligne droite et le demi-cercle, dans leurs différentes positions horizontale, verticale ou oblique; mais chacun de ces signes est double, c'est-à-dire, qu'il représente une lettre différente selon qu'on le place sur *ou* sous *une ligne en encre rouge tracée préalablement sur le papier.*

Ce procédé, qui a beaucoup de rapport avec l'Okygraphie de monsieur Blanc, et qui pourrait même en avoir donné l'idée, puisque l'Okygraphie n'a paru qu'en 1802, c'est-à-dire, cinq années après, lui serait encore préférable, puisque monsieur Molina supprime comme nous une partie des voyelles, et réunit en un seul monogramme toutes les consonnes du même mot. Mais l'un et

utile oggidì, in quanto che l' uso di litigare verbalmente è stabilito nei tribunali italiani, come nei tribunali francesi.

È vero che il signor Molina di Milano ha intrapreso di pubblicare una stenografia italiana; ma egli ha preferito alla gloria più modesta quantunque più solida di tradurre una buon' opera, quella di costituirsi inventore, e non vi è riuscito che molto mediocremente.

La sua opera è intitolata, *Scrittura elementare, o sia arte di scrivere colle sole radici dell' alfabeto, dal cittadino Molina, Milano* 1797.

Per non moltiplicare i segni del suo alfabeto stenografico, il signor Molina ha escluso le nostre linee anellate, e quelle che principiano o terminano con una curvatura; egli non ha conservato se non il punto, la linea retta ed il semicircolo, nelle loro differenti posizioni orizzontale, verticale o obliqua; ma ciascuno di questi segni è doppio, vale a dire che rappresenta una lettera differente, secondo la maniera di porlo *sopra* o *sotto* una linea d' inchiostro rosso, tirata preventivamente sulla carta.

Questo metodo, che ha molto rapporto coll' Ochigrafia del signor Blanc, e che potrebbe anche averne data l' idea, giacchè l' Ochigrafia non è comparsa prima del 1802, cioè cinqu' anni dopo, gli sarebbe ancora preferibile, poichè il signor Molina sopprime come noi una parte delle vocali, e riunisce in un solo monogramma tutte le consonanti della stessa parola. Ma l' uno e l' altro metodo hanno l' eccessivo inconveniente

l'autre procédé ont l'excessif inconvénient d'exiger de l'écrivain une précision mathématique pour tracer sa ligne droite ou son demi-cercle à la hauteur requise : par cette raison, ils sont condamnés à la même impuissance et à la même nullité.

Je félicite les Italiens de ce qu'un homme aussi éclairé que vous, s'est chargé d'ajouter aux travaux de Taylor et de Bertin, non-seulement les changemens que commandait la différence des langues, mais quelques légères améliorations de détail, dont les sténographes français eux-mêmes pourront profiter : telle est, par exemple, votre idée de remplacer le point initial, qui chez nous exprime indifféremment toutes les voyelles, par le signe même de la voyelle, telle qu'on l'employe à la fin des mots. Je vous ai fait voir que je me suis rencontré avec vous à cet égard, et que depuis long-temps je me sers de la même méthode pour mon usage particulier.

Agréez mes vœux sincères pour le succès de votre entreprise.

J'ai l'honneur d'être,

Monsieur,

Votre très-humble serviteur,

J. B. J. Breton.

di esigere dallo scrittore una precisione matematica per fare la linea retta o il semicircolo all' altezza richiesta : motivo per cui sono condannati alla stessa impotenza, ed alla stessa nullità.

Io mi congratulo con gl' Italiani che un uomo illuminato qual voi siete, siasi occupato ad aggiungere ai travagli di Taylor e di Bertin, non solo i cambiamenti che la differenza delle lingue richiedeva, ma alcuni leggeri miglioramenti particolari, di cui i stenografi francesi stessi potranno profittare : tal' è, per esempio, la vostra idea di sostituire al punto iniziale, con cui da noi si esprimono indifferentemente tutte le vocali, il segno stesso della vocale, tal quale si pone in fine delle parole. Io vi ho fatto osservare che in ciò le nostre idee si sono combinate, e che da gran tempo mi servo dello stesso metodo per mio uso particolare.

Gradite i miei voti sinceri per il buon esito della vostra intrapresa.

Ho l' onore di essere,

Signore,

Vostro umilissimo servitore,

G. B. G. Breton.

LETTRE

De monsieur Igonel, professeur de Sténographie, membre de l'Athénée des Arts.

Recevez mes remerciemens, monsieur, de la communication que vous m'avez donnée de votre manuscrit de la Sténographie italienne.

Je fus un des premiers qui reconnurent toute la valeur du présent que monsieur Bertin fit à la littérature française, lorsqu'il traduisit la Sténographie de Taylor, et l'adapta à la langue française de la manière la plus savante; et j'ai souvent désiré que quelqu'ami des lettres fît partager aux autres nations de l'Europe, les précieux avantages que nous retirons de cet art, dont l'étude aussi facile qu'agréable, se lie à toutes les branches des connaissances humaines, et leur prête un utile secours. C'est donc avec satisfaction que j'ai suivi, dans tous leurs détails, les principes et les règles que vous avez tracés dans votre ouvrage, et qui me paroissent devoir vous porter rapidement au but que vous voulez atteindre. Loin d'imiter quelques fabricateurs de nouvelles méthodes, qui décèlent autant d'ignorance que de charlatanisme, vous ne vous êtes point écarté de la route tracée par Taylor, et que monsieur Bertin a suivie avec tant de succès.

LETTERA

Del signor IGONEL, *professore di Stenografia, membro dell' Atenéo delle Arti.*

SIGNORE,

RICEVETE i miei ringraziamenti, per la communicazione datami del vostro manoscritto della stenografia italiana.

Io fui uno dei primi che riconobbero tutto il valore del presente che il signor Bertin fece alla letteratura francese, allorchè tradusse la stenografia di Taylor, e l' adattò alla lingua francese nella più erudita maniera; ed ho spesso desiderato che qualche amico delle lettere facesse provare alle altre nazioni dell' Europa i preziosi vantaggi che noi ricaviamo da quest' arte, il cui studio altrettanto facile quanto piacevole, entra in tutti i rami delle cognizioni umane, e gli presta un utile soccorso. Con soddisfazione dunque ho minutamente esaminati i principj e le regole che avete indicati nella vostr' opera, e che mi sembrano dovervi portare rapidamente al fine che vi siete proposto. Lungi dall' imitare alcuni fabbricatori di nuovi metodi, i quali manifestano altrettanta ignoranza quanto ciarlatanismo, voi non vi siete punto allontanato dalla strada segnata da Taylor, e che il signor Bertin ha seguita con sì felice successo.

Les modifications que vous avez apportées à quelques parties de la Sténographie française, soit dans les désinences, soit dans l'emploi des signes représentatifs des voyelles initiales, etc., modifications qu'exigeaient la construction et le génie particulier de la langue pour laquelle vous écrivez, m'ont paru réunir la clarté à la célérité. Votre ouvrage mérite d'être accueilli, non-seulement en Italie, mais encore en France, par tous les amateurs de la langue italienne; et j'en attendrai l'impression avec impatience.

Ainsi, monsieur, vous restituerez à la patrie des Cicéron, des César et des Marc-Aurèle, un art que ces grands hommes ont eux-mêmes cultivé, et qui nous a conservé plusieurs de leurs chefs-d'œuvres; enfin vous contribuerez à multiplier les rapports de deux grandes nations, appelées à vivre sous les mêmes lois et les mêmes destinées.

Je suis, monsieur, avec estime et considération,

Votre très-humble serviteur,

IGONEL.

Le modificazioni da voi fatte ad alcune parti della stenografia francese, tanto nelle desinenze, quanto nell' uso dei segni rappresentanti le vocali iniziali etc., modificazioni ch' esigevano la costruzione ed il genio particolare della lingua per la quale voi scrivete, mi è sembrato che riuniscano la chiarezza alla celerità. La vostr' opera merita di essere accolta, non solo in Italia, ma anche in Francia da tutti i dilettanti della lingua italiana; ed io ne aspetterò con impazienza la stampa.

In tal modo, voi renderete alla patria dei Ciceroni, dei Cesari, e dei Marc' Aurelj, un' arte che questi stessi grand' uomini hanno coltivata, e che ci ha conservati molti loro capi d' opera; finalmente voi contribuirete a moltiplicare i rapporti di due grandi nazioni chiamate a vivere sotto le stesse leggi, e gli stessi destini.

Sono, con stima e considerazione,

Vostro umilissimo servitore,

IGONEL.

LETTRE

De monsieur DESHAIES, sous-chef au secrétariat-général du ministère des finances.

MONSIEUR,

La communication que vous avez bien voulu me faire de votre Système de Sténografie italienne, m'a encore fait aimer davantage l'énergie, la richesse et l'harmonie d'une langue, dont un séjour de deux ans en Italie m'avait déjà fait entrevoir tous les charmes. La clarté de votre méthode m'a convaincu, en même temps que mes faibles essais, lors de mon séjour à Naples, de donner une sténographie à l'Italie, n'ont pas atteint le but désiré : il n'y a qu'un littérateur italien, et peut-être qu'un Romain qui puisse amener cet art à sa perfection; telle était mon opinion que vous venez de confirmer. A ces deux titres, Monsieur, personne mieux que vous ne pouvait fonder l'art tyronien dans votre patrie. Vous avez déjà réuni les suffrages non suspects de MM. Bertin, Breton et Igonel : le mien vous était inutile; mais vous avez eu la modestie de désirer connaître ce que je pensais de votre travail. Je dois donc à la vérité de déclarer ici que votre livre m'a paru avoir, comme celui de M. Bertin, toutes les

LETTERA

Del signor DESHAIES, *sotto-capo al segretariato generale del ministero delle finanze.*

SIGNORE,

La communicazione che vi siete compiaciuto di darmi del vostro sistema di stenografia italiana, mi ha fatto amar sempre più l' energia, la ricchezza e l' armonia di una lingua, di cui un soggiorno di due anni in Italia mi aveva di già fatto scorgere tutte le attrattive. La chiarezza del vostro metodo mi ha nello stesso tempo convinto che i miei deboli sperimenti, mentre ho dimorato in Napoli, di dare una stenografia all' Italia, non sono pervenuti al fine desiderato: un letterato italiano, e forse un Romano soltanto poteva portare quest' arte alla sua perfezione; tal' era la mia opinione, che voi avete ora confermata. A questi due titoli, nessuno meglio di voi poteva fondare l' arte tironiana nella vostra patria. Voi avete di già riunito i suffragi non sospetti dei signori Bertin, Breton e Igonel: il mio vi era inutile; ma voi avete avuta la modestia di desiderar di conoscere ciò che io pensava della vostr' opera. Io devo dunque alla verità il dichiarare che il vostro libro mi è sembrato che abbia, come quello del signor Bertin, tutte le con-

conditions qui peuvent rendre la stenographie utile et profitable aux amis des lettres italiennes.

Je vous préviens en outre que j'écris, par le courrier de ce jour, à Naples, pour que le libraire chargé par moi de publier mon faible essai sténographique, le regarde comme non avenu.

Agréez, Monsieur, l'assurance de la parfaite considération et du dévouement avec lesquels je suis

Votre très-humble serviteur,

DESHAIES.

dizioni che possono rendere la stenografia utile e profittevole agli amici delle lettere italiane.

Vi prevengo inoltre che col corriere di quest' oggi scrivo a Napoli, affinchè il librajo da me incaricato di pubblicare il mio debole saggio stenografico, lo riguardi come non successo.

Gradite, signore, la certezza della perfetta considerazione, e del rispettoso affetto, con cui sono,

Vostro umilissimo servitore,

DESHAIES.

PREFAZIONE.

Da nessuno si può più oggidì porre in dubbio se il sistema di stenografia inventato dall' inglese Samuel Taylor, e saviamente adattato all' idioma francese da T. P. Bertin, abbia procurato presso quelle nazioni i più grandi vantaggi alle lettere ed alla società; poichè l' esperienza ha sufficientemente provato ciò che, fondato sopra dimostrazioni matematiche, era stato colà precedentemente annunziato: stenografi istruiti in questo metodo seguono ivi in pubblico la parola degli oratori, raccolgono intieramente le lezioni dei professori nei differenti corsi di studj, e ne rimettono loro la trascrizione letterale in caratteri usuali; di modo che, la semplicità e chiarezza di quest' arte, non che gli essenziali servizj che ha di già reso, ed il numero sempre crescente de' suoi partigiani, dimostrano ogni giorno più, ch' essa è per l' uomo dotto, come per il giovane desideroso d' istruirsi, il mezzo più comodo e più pronto per fissare sulla carta nel minor tempo e nel più piccolo spazio possibile, le idee che brama raccogliere per formarsene un prezioso deposito.

La possibilità di leggere una scrittura priva non solo di vocali, ma anche di una parte delle consonanti, non essendo più dunque un problema, noi non vediamo alcun' ostacolo perchè la stenografia possa essere in Italia, come in Inghilterra ed in Francia, il metodo riformatore degli altri sistemi abbreviatori, malgrado le prevenzioni che, a giudizio di tutti i grandi scrittori, accompagnano le nuove scoperte. Difatti, alcuni, come dice Muschenbroëck, le ricevono con quel colpevole dispregio, sì ben definito da queste parole, *prior insita illa humanis, et frequentius maximis ingeniis, consuetudo, dicam an labes, ut quæ ignorant contemptu strenue ulciscantur;* altri con un certo spirito di diffidenza, lento a persuadersi, sempre trincerato dietro il dubbio, e per conseguenza inaccessibile alla convinzione; ed altri finalmente con indifferenza o, per servirmi dell' espressione dell' immortale Bacone, come con una specie di *affinità,* capace di far credere che le hanno conosciute da che vivono. Noi però possiamo assicurare che la stenografia ha prodotto un effetto differente in quelli che l' hanno esaminata, e che ha ottenuto tutti i contrasegni di soddisfazione dovuti ad un sistema, il quale, se fosse stato creato di primo getto, se non fosse l' ultimo grado di perfezione di un grandissimo numero di metodi, dovrebbe certamente esser posto fra le più felici concezioni dell' ingegno umano. Ma Taylor stesso ha obbligazione ai suoi predecessori, quantunque non gli si possa contrastare il merito, in verità molto ragguardevole, di avere, mediante la semplicità de' suoi caratteri, la facilità delle loro combinazioni, e la soppressione delle vocali intermedie, gettato in una maniera invariabile le basi ed i limiti naturali della scienza abbreviativa.

L' Italia mancava finora di una stenografia semplice e regolare: sorella ed emula della Francia, questa vasta penisola, vera culla delle arti e delle scienze, non deve ella dare alla sua alleata e riceverne, tuttociò che può alimentare, per loro comune godimento, il fuoco sacro delle utili e grate cognizioni?

Senza temer l' accusa di aver nel nostro travaglio troppa confidenza, crediamo poter assicurare che i nostri sforzi sono stati coronati da un felice successo. Le diverse testimonianze non equivoche che ne abbiamo ricevute, fra le quali quelle del sudetto Bertin, e dei migliori stenografi di Parigi, congiunte all' approvazione di alcuni commendevoli Italiani, sono il miglior certificato che crediamo dover presentare ai nostri lettori, per convincerli che siam pervenuti ad applicare un sì vantaggioso sistema alla lingua Italiana, ad un punto di perfezione tale, da farci sperare che la nostra opera verrà ben' accolta dagli amici delle lettere per il pubblico bene. E per quanta ripugnanza abbiamo in farne l' elogio, non possiamo dissimulare che, sebbene in essa abbiam seguito le tracce dell' autore, ed ammesso i miglioramenti e quanto di erudizione vi ha aggiunto il traduttore francese, noi ci lusinghiamo contribuire alla propagazione di questo metodo, mediante i cambiamenti importanti che il genio della nostra lingua ci ha permesso di farvi.

Queste innovazioni, che consistono principalmente nella composizione delle nostre vocali iniziali, e di alcune doppie consonanti, non che nella facoltà di combinare le due sole desinenze che noi abbiamo, colle ultime lettere delle parole, hanno talmente contribuito alla semplicità, chiarezza e rapidità della scrittura, che si potrebbe senza esagerazione chiamare questo nuovo tipo l' ombra della parola, se pur l' ombra potesse precedere la sostanza, fenomeno frequentissimo in stenografia. Per esser convinti di questa verità, basta esaminare il meccanismo de' suoni *. Gli organi della voce non possono formare alcun' articolazione, senza produrre pulsazioni presso a poco simili al guizzo della corda di

---

* *Omnes voces, ut nervi in fidibus, ita sonant ut a motu animi quoque sunt pulsæ.* Cic.

un istromento : or quest' operazione richiede maggior tempo che l' azione di una penna, la quale non si stacca dalla carta, nè deve mai restar sospesa. La precisione di quest' espressione apparirà sensibile, se si considera che ci vuol più tempo a formare due o tre punti separati, che una linea serpeggiante e tortuosa di una estensione assai considerabile. Da ciò risulta, che il cammino ondeggiante o vermicolare della stenografia, deve dare a questa scrittura monogrammatica una rapidità incalcolabile.

Quanto all' obiezione, seria in apparenza, che questo metodo esige molta istruzione, noi vi risponderemo primieramente con questa massima di Orazio,

Nec rude quid prosit video ingenium; *

quindi coll' inclinazione che i numerosi vantaggi di questa scienza devono far nascere per lo studio; e finalmente coll' esempio di giovani a cui la loro età non permette di esser tanto profondamente istruiti, quanto se tutte le facoltà della loro imaginazione fossero perfettamente sviluppate, e che nonostante si sono resa la lettura della stenografia tanto familiare quanto quella della scrittura usuale.

I due Indici di *Adversaria* o sia raccolta letteraria, che abbiamo uni-

* Infatti Montagne ha detto che l'ignoranza è il più morbido cuscino su cui l' uomo possa riposar la sua testa; ma egli si è guardato bene di mettere questa massima in pratica.

ti a quest' opera, sono della maggiore utilità per i stenografi, la cui vocazione è, come ha detto Lucrezio, di mettere tutte le scienze a contribuzione:

Floriferis ut apes in saltibus omnia libant.

Quello di Locke, che noi diamo per paragone, può convenire alle persone che non praticano punto l' arte tironiana; ma l' altro, formato secondo il sistema stenografico, ci è sembrato molto più vantaggioso, perchè non esige quasi alcuna classificazione nei termini, mentre offre una completa concordanza di tutte le parole di cui la lingua è composta. Queste raccolte sono altrettanti depositi scientifici, ove si possono riunire i pensieri, le massime e le istruzioni dei migliori scrittori, per avervi ricorso al bisogno: al loro soccorso devesi l' eccellente Dizionario di Johnson, il Virgilio di La Rue, e l' *Adversaria* del celebre anatomista Morgagni. L' uso fattone da Locke per tutto il corso della sua vita, è una pruova di un' influenza troppo grande, perchè il suo esempio non venga imitato.

Nulla volendo omettere di ciò che può avere un qualche rapporto col nostro metodo, noi diamo, sull' esempio di alcuni abbreviatori, e del medesimo Bertin, un alfabeto fisionomico, il quale rende il silenzio stesso intelligibile; ed una numerazione stenografica formata coi nostri caratteri, la quale, combinandosi come le lettere, rende più semplici le operazioni del calcolo,

Abbiam creduto bene dover terminare la nostra opera colla traduzione delle lettere di alcuni celebri giurisconsulti, i quali hanno reso alla stenografia francese le più imparziali testimonianze.

Le lettere onorevoli precedentemente annunziate, che i professori francesi in quest' arte si sono compiaciuti scriverci in contrasegno della loro soddisfazione per il nostro travaglio, essendoci sembrate meritare egualmente di essere pubblicate, ne abbiamo dato il testo colla traduzione, a fine di avvolorare vie più le pruove irrefragabili della sicurezza del nostro metodo.

Noi ci lusinghiamo che queste diverse addizioni non potranno se non accrescere il merito di un' opera, il cui felice successo è di già pienamente assicurato dall' autorevole protezione onde i Governi Francese, ed Italiano si sono degnati onorarla. Se motivi sì determinanti non pervenissero ancora a far generalmente adottare i nostri principj, noi non potremmo allora cercarne la causa, se non in questa sentenza, disgraziatamente troppo vera, di G. G. Rousseau : *Alcuni uomini, senza discutere il vantaggio dei segni, si attengono a quei che trovano stabiliti, e preferiscono una cattiva maniera di sapere ad un miglior modo di apprendere.*

SISTEMA
UNIVERSALE E COMPLETO
DI STENOGRAFIA[1],
O SIA
MANIERA DI SCRIVERE IN COMPENDIO,
APPLICABILE A TUTTI GL' IDIOMI.

> Currant verba licet, manus est velocior,
> Nondum lingua, suum dextra peregit opus.
> MARZ. *Apofor.* lib. XIV.

INTRODUZIONE.

L'ANTICHITÀ della stenografia basterebbe per dimostrare la sua utilità, se i vantaggi ch' essa procura potessero esser posti in dubbio. Essa veniva praticata presso i Greci[2]; e,

---

1 Στεινὸς γραφὴ, *arcta scriptura*, scrittura abbreviata.

2 Si potrebbe forse farne risalire l' origine al tempo de-

secondo Diogene di Laerzio, Zenofonte, soprannomato l'*Ape attica*, fu il primo che, per seguire le parole di Socrate, fece uso di segni abbreviatori, la cui forma e figura sono descritte da Plutarco. Quest' arte passò dalla Grecia a Roma; e noi siam debitori ai caratteri stenografici della conservazione del sublime discorso pronunciato alla tribuna da Catone contro le misure che Cesare proponeva per rovesciare la congiura di Catilina. Cicerone [1], allora console, e che aveva un eccellente stenografo nella persona di Tirone [2], suo liberto,

---

gli Egizj: sopra i loro monumenti vi sono molti caratteri che si credono geroglifici incomprensibili, e che probabilmente non sono altro che abbreviazioni della loro scrittura. Egli è certissimo che gli Ebrei escludevano le vocali, e David dice nel salmo 44, *Lingua mea calamus scribæ velociter scribentis;* espressione che non dà luogo a dubitare, che a' suoi tempi la penna non fosse già più rapida della parola. San Girolamo ha imitato il salmista in questa frase: *Mea autem lingua in similitudinem scribæ velocis.*

1 Lo stesso Cicerone scriveva in caratteri abbreviatori. Ecco ciò ch' ei fa sapere nella sua 32.ª lettera ad Attico, libro XIII: *Quod ad te de decem legatis scripsi parum intellexisti, quia διὰ σημείων (signis) scripseram.*

2 Tirone fu educato fra gli schiavi di Cicerone, il quale

ebbe cura di collocare dei notari, o stenografi, in differenti siti del senato, per raccogliere con vantaggio tutto ciò che usciva dalla bocca di quel grand' uomo. A queste prove dell' esistenza della stenografia presso gli antichi, vengono ad unirsi le testimonianze di Orazio, di Giovenale [1], di Virgilio, di Ovidio [2], di Marziale, di Valerio Probo, di Sertorio Torquato, di Ennio, a cui Paolo Diacono attribuisce molto male a proposito l'invenzione di quest' arte; di Persanio; di Filargiro, Fennio

---

in seguito gli donò la libertà. Ei divenne sì necessario al suo padrone ne' suoi affari pubblici e privati, che Tullio gli accordò tutta la confidenza ed amicizia: « Avrei creduto, mio caro » Tirone, poter più facilmente far a meno di voi (gli dice in » una delle sue lettere, e gliene scrisse non poche di questo te» nore); ma in verità mi è impossibile. Abbiatevi cura, *sog» giunge*, e siate persuaso che per quanto importanti siano i ser» vizj di cui io vi sono obbligato, il più grande che possiate » farmi è quello di star bene ».

Ep. famil., lib. XVI, ep. 2.

1 Giovenale si spiega così:

Anxia præcipiti venisset epistola penna.

2 Ovidio, parlando di Giulio Cesare, il quale scriveva ai suoi amici in caratteri stenografici, dice di lui;

His arcana *notis* terra pelagoque feruntur.

ed Aquila, liberti di Mecenate, di Seneca, di Manilio, di Varrone [1], di Didimo, di Svetonio [2], di Quintiliano [3], di Prudenzio [4],

---

1 Noi ponghiamo quì Varrone fra gli abbreviatori, quantunque la storia non lo qualifichi per tale; ma sarebbe difficile lo spiegare altrimenti, come questo celebre scrittore avesse potuto comporre più di 1500 volumi, tra i quali 700 vite dei principali Romani. E certamente mediante un metodo stenografico soltanto, anche Didimo il grammatico può averne composti 40000, se si presta fede à Seneca.

2 Svetonio c' insegna che Tito era buon stenografo, mediante questa frase: *E pluribus comperi notis, quoque excipere velocissime solitum.*

3 Ecco come Quintiliano parla della stenografia del suo tempo: « Sono di già comparsi sotto il mio nome due libri di » rettorica, alla cui pubblicazione io non ho avuto alcuna parte, » i quali non sono mai stati fatti per esser stampati; poichè il pri- » mo, i miei scolari l' hanno tratto da un discorso che io ave- » va loro tenuto due giorni continui su questa materia; e » quanto all' altro, raccogliendo essi furtivamente tutte le mie » parole, ne composero, come poterono, un trattato, e » per zelo di gloria del loro maestro, resero questo scritto pub- » blico senza il mio consentimento ». *De l'Institution de l'Orateur*, libro 1, traduzione di Gédoyn, ediz. del 1718.

4 Prudenzio ci fa conoscere nell' elogio di Cassiano, ucciso dai suoi scolari a colpi di temperino, ch' egl' insegnava l' arte tironiana:

> Præfuerat studiis puerilibus, et, grege multo
> Septus, magister litterarum sederat;
> Verba notis brevibus comprendere cuncta peritus,
> Raptimque punctis dicta præpetibus sequi.

d'Isidoro, di Dante [1], e di Ausonio [2].

Lo studio di quest' arte è stato favorito dagl' imperatori; l'apprendevano eglino stessi, e si

---

[1] Dante, nella sua divina commedia al canto XIX del Paradiso, ha detto:

E a dare ad intender quanto è poco;
La sua scrittura fien lettere mozze,
Che noteranno molto in parvo loco.

[2] Non possiamo fare a meno di citare a questo proposito i versi che questo poeta e precettore dell' imperatore Graziano, il quale viveva nel 386, fece in onore di un bravissimo stenografo de' suoi tempi.

Ad Notarium velocissime excipientem.

Puer, notarum præpetum
Solers minister, advola;
Bipatens pugillar expedi,
Cui multa fandi copia,
Punctis peracta singulis,
Ut una vox absolvitur.
Evolvo libros uberes,
Instarque densæ grandinis
Torrente lingua perstrepo:
Tibi nec aures ambigunt,
Nec occupatur pagina;
Et mota parce dextera
Volat per æquor cereum.
Cum maxime nunc proloquor.
Circumloquentia ambitu,
Tu sensa nostri pectoris
Ut dicta jam ceris tenes.
Sentire tam velox mihi
Vellem dedisset mens mea,
Quam præpetis dextræ fuga.

facevano un divertimento di sfidare nella celerità tutt' i loro segretarj, ed anche i più celebri abbreviatori. S'insegnava nelle scuole pub-

---

Tu me loquentem prævenis.
Quis, quæso, quis me prodidit?
Quis ista jam dixit tibi
Quæ cogitabam dicere?
Quæ furta corde in intimo
Exercet ales dextera!
Quis ordo rerum tam novus
Veniat in aures ut tuas
Quod lingua nondum absolverit!
Doctrina non hoc præstitit;
Nec ulla tam velox manus
Celeripodis compendii.
Natura munus hoc tibi
Deusque donum tradidit,
Quæ loquerer ut scires prius,
Idemque velles quod volo.

TRADUZIONE.

Ad un Notaro o bravissimo Stenografo.

Corri, giovane e famoso stenografo; prepara il libro su cui con semplici punti tu esprimi discorsi interi con altrettanta prontezza, con quanta altri scriverebbero una sola parola. Io detto volumi, e la mia pronuncia è celere quanto la grandine; con tutto ciò nulla sfugge al tuo orecchio, e le tue pagine non si riempiono. La tua mano, il cui moto è appena sensibile, vola sopra una superficie di cera; e, quantunque la mia lingua percorra lunghe perifrasi, tu fissi sul tuo libro le mie idee prima che siano proferite.

Perchè non posso io pensare così rapidamente come tu scrivi! Dimmi dunque, poichè tu precedi la mia imaginazione, dimmi, chi mi ha tradito? Chi ti ha rivelato ciò che io meditava? Quanti furti non fa la tua mano nell' anima mia! Che nuovo ordine di cose è dunque questo? Come accade, che ciò che la mia bocca non ha ancora espresso, sia di già pervenuto alle tue orecchia? Nessun' arte, nessun precetto ha potuto darti questo talento di abbreviare, poichè nessun' altra mano ha la velocità della tua; la natura e

bliche [1], ed i caratteri stenografici servivano nei tribunali per prender nota di tutti gli atti giudiziarj. Si usavano ancora alla redazione degli atti pubblici, la quale, presso i notari [2], non era se non stenografica o preparatoria, ed aveva soltanto forza legale allorch' era copiata, vale a dire scritta senz' abbreviazioni, e colla firma e sigillo del notajo.

Pochi libri si trovano scritti in caratteri stenografici : ma ciò non deve far maraviglia, poichè la ridicola superstizione delle prime età gli condannò al fuoco, come opere empie

gli Dei ti hanno certamente fatto questo dono : essi soli possono permettere che tu sappia ciò che voglio dire, prima che io abbia parlato, e che la tua volontà se la intenda colla mia.

[1] Ammiano Marcellino, lib. VIII, parla di una serva istrutta nell' arte tironiana : *Ancilla notarum perita*.

[2] I notari laici, *notarum scriptores, notarii*, non erano un tempo se non gli scrivani domestici dei notari; e l' uffizio dei notari ecclesiastici, nei primi tempi della chiesa, era di raccogliere in note stenografiche gli atti dei martiri. Essi erano stati istituiti da San Clemente, in numero di sette, e distribuiti in diversi quartieri di Roma. Il papa Fabiano, giudicando la stenografia superiore alle cognizioni del popolo, creò sette suddiaconi, per trascrivere ciò che i notari avevano delineato in caratteri abbreviati.

di maghi o di negromanti. Tritemio [1] dice che, in quei tempi di barbarie [2], i caratteri stenografici passavano per gli elementi della lingua armena. La Francia possiede però diversi manoscritti in caratteri tironiani, un capitolare e cinquanta quattro diplomi di Luigi il Pio, successore di Carlomagno. L'ingegnoso Carpentier lo fece incidere e pubblicare a Parigi nel 1747, con un *Alphabeticum tironianum* per facilitarne la lettura.

La stenografia, dopo esser passata immediatamente da Roma in Inghilterra, ha ricevuto diverse denominazioni dagli autori, di cui uniamo quì la lista [3]; ma nessuno l' ha por-

---

1 Federico II, elettore palatino, fece bruciare l' opera di questo scrittore, in conseguenza dell' informazione di Bosseville e Possevino, che lo fecero passare per uno stregone.

2 In quel secolo di tenebre, un paroco litigando contro i suoi parocchiani, i quali volevano addossargli i risarcimenti della chiesa, citò come un' autorità di San Pietro queste parole, *Paveant isti, non paveam ego*, con questa traduzione: *Che facciano essi il pavimento alla chiesa, io non lo farò certamente;* e guadagnò la lite.

3 Addy *, Aldridge, Angell, Annet, Bales, Blandemore,

* Egli ha dato, nel 1687, un Nuovo Testamento impresso in caratteri abbreviati; quest' opera è presentemente rarissima.

tata a quel grado eminente di perfezione di cui è debitrice a Taylor, il quale si può veramente chiamare il creatore di quest' arte. Alcuni di questi trattati, sotto il titolo di *Tachigrafia*, *Brachigrafia*, *Semigrafia*, *Criptografia*, *Radiografia*, *Zeitografia*, *Ochigrafia*, *Poligrafia*, *Steganografia*, *Tipografia*, non sono totalmente sprovisti di merito; ma tutti lasciano molto da desiderare: in generale il tipo n' è mal scelto; esso non offre altro che una combinazione di linee difficili a formarsi, e che non si possono congiugnere senza confonderle, o senza ricorrere a tratti parasiti, che non fanno affatto parte dell' alfabeto: i segni più semplici e più espeditivi sono principalmente adattati a consonanti che s' incontrano di rado nel corpo della scrittura, mentre che i carat-

---

Byrom, Blanchard, Clément, Coulon, Coles, Cossin, Cross, David, Dix, Dupont, Everardt, Ewen, Facey, Feutry, Farthing, Gibbs, Godefroy, Gurney, Gruter, Holdsworth, Hopkins, Jeake, Labourer, Lane, Le Blanc, Lyle, Lodoick, Macawley, Mason, Mavor, Metcalp, Michel, Nicholas, Palmer, Pront, Ramsay, Rich, Ridpath, Scott, Shelton, Steele, Tanner, Tiffen, Webster, Weston, Williamson, Vallade e Willis.

teri più complicati sono assegnati a quelle di cui si ha più frequentemente bisogno.

Certi autori fanno uso d'alcune lettere della scrittura ordinaria, che pongono al principio, alla metà ed alla fine delle parole. Ma questa maniera di scrivere non può chiamarsi stenografia; essa non abbrevia punto, ed offre una composizione bizzarra ed oscura. Altri, come Birom, per esempio, esprimono tutte le vocali, anche le intermedie, con punti che pongono in certe posizioni particolari. Alcuni interrompono le parole ad ogni sillaba, e mettono le consonanti ad un' altezza indicativa di una certa vocale. Ma tutti questi metodi, in cui si vuol forzatamente conservare le lettere vocali [1], sono eccessivamente viziosi;

---

1 A tempi antichi si faceva in Francia un eccesivo abuso delle vocali : *sûre*, *façon*, *façade*, si scrivevano *seure*, *faceon*, *faceade*. La riforma fatta di questa mostruosa superfluità, giustifica il sentimento asserito da Mountbodo nel suo Trattato sull' origine e progresso delle lingue, opera assai stimata in Inghilterra, ed in cui egli sostiene con molto ingegno che la favella non è naturale all' uomo. Questo giudizioso osservatore pretende che gl' idiomi più barbari dell' America, come quelli

rendono la scrittura meno rapida, e non servono che a gettar lo spirito nella più penosa

degli Uroni, Algonchini, etc., sono i più abbondanti in vocali *. Il dotto Beattie, celebre per il suo *Saggio sulla verità*, riferisce che presso i popoli che abitano sulle rive del fiume Orellana, la parola *poetaarorincouroac* vuol dir TRE. Checchè ne sia, non è egli inutile il conservare, in una scrittura *abbreviata*, l' *e* avanti, *f*, *l*, *m*, *n*, *r*, *s*, e dopo, *b*, *c*, *d*, *g*, *p*, *t*, la quale vocale è nella nostra lingua da queste consonanti inseparabile? Diciam lo stesso dell' *u* dopo il *q*, il quale altre volte si sopprimeva, come ancora si vede nella chiesa della Trinità a Canterbury, sull' Epitaffio di Eduardo, detto il *Principe Nero*, che comincia così:

Tu QI passe avé bouche close
Par là où ce corps repose,
Entent ce QE je te dirai, etc.

Nelle scuole stesse dell' università di Francia, *quanquam* si scriveva e si pronunciava KANKAM; e solo dal tempo di Ramus si scrive altrimenti. Questo cambiamento eccitò grandi dissensioni nella Sorbona. I dottori condannarono alla censura chiunque avesse ardito pronunciare *quanquam*. Uno scolare avendo azzardata questa parola in un pubblico elogio, i partigiani del *kankam* ne avvertirono il Decano, il quale punì il ribelle, dichiarando vacante un beneficio ch' ei possedeva. La causa fu portata avanti il parlamento, il quale restituì all' eccle-

* Milton, nel suo Trattato sull' educazione, osserva che gl' Inglesi non pronunciano quasi affatto le vocali; ed attribuisce questa soppressione al freddo di quel paese, che impedisce loro di aprir troppo la bocca.

Delille, nel suo discorso preliminare delle Georgiche, dice che, nei paesi del Nord, l' organo della voce è ristretto dal freddo. Egli aggiunge che i Francesi hanno troppe E mute, e troppe sillabe sorde.

perplessità [1]. Si potrebbe applicare a colui che gli adotta, ciò che Dandin disse a *l'Intimé* sulla sua brevità verbosa:

Il aurait plutôt fait
De dire tout vingt fois que de l'abréger une.

---

siastico il suo beneficio, ed il *kankam* ai grammatici. Questa disputa ha colà prodotto il proverbio: *Voilà bien du kankam! Quel kankam pour si peu de chose!*

In fatti, a che servono in stenografia le vocali che entrano nella composizione della parola francese *aime*, una sola lettera bastando per dare perfettamente il suono di quest' imperativo? La nostra lingua fa pure, parlandola, l' apocope di quasi tutte le vocali finali: perchè, scrivendo rapidamente, non prendere la stessa libertà per le intermedie?

Finiremo quest' articolo col fare osservare ai nostri lettori che altre volte in Francia *ma mie*, si pronunciava *ma amie*, e che la soppressione di un *a* è sembrata in seguito necessaria per evitare l' aspirazione, prodotta dalla repetizione di questa vocale. La delicatezza dell' orecchio francese a questo riguardo è giunta a tal segno, che si è preferito di porre al mascolino i pronomi possessivi che precedono un sostantivo femminino cominciante per vocale, e per conseguenza parlar *svizzero*, piuttosto che sentire l' urto di due lettere vocali. Così essi dicono *mon oreille*, *mon épouse*; e poi scoppiano dalle risa quando un Tedesco dice *mon bouche*, e *mon femme*.

1 L' ammissione delle vocali, espresse con dei punti posti a certe altezze, quando anche la carta fosse rigata, esige un' esattezza matematica, che una scrittura rapida non permette: *Res in aprico jacet.*

In una parola, la natura agisce per le vie più corte: la lunghezza dei metodi è una impotenza, e la moltiplicità dei soccorsi è una debolezza.

Nessuna delle loro lettere alfabetiche ammette congiunzioni regolari; alcuni segni superflui e senza espressione vengono sempre ad imbarazzare e lo scrittore ed il lettore. Invano, per rimediare ad un tale inconveniente, questi abbreviatori adottano il metodo di levare la penna alla metà di una parola, e tutte le volte ch' esprimono desinenze; i segni di cui fanno uso per rappresentare queste stesse finali, sono in sì gran numero, che bastano per confondere non poco, e divengono inammissibili se si vuol scriver presto ed esser leggibile: E non è egli indubitato che un metodo, il cui oggetto è di fissare i suoni fuggitivi della parola, deve necessariamente escludere tuttociò che rallenta la rapidità della mano, tuttociò che ne produce il riposo? E fra le cause di questo ritardo non devesi contare l' impiego dei segni parasiti, la soprabbondanza delle forme, il troppo grande prolungamento dellè linee, la loro irregolarità, e sopra tutto il loro isolamento o la loro separazione? I metodi che riuniscono questi difetti, sono giudicati a prima vista; e l' applicarsi a screditarli sarebbe dar loro una specie d' importanza, che non meritano.

Una circostanza alla quale bisogna fare attenzione, si è che l' alfabeto di quasi tutti i stenografi che hanno preceduto Taylor, è ripieno di una infinità di caratteri simbolici, di cui si servono per figurare una certa classe di parole, a fine di essere, dicon' essi, più espeditivi: ma il vero motivo che ve gli determina, si è che, non potendo i loro segni unirsi gli uni con gli altri si rende loro difficile lo scrivere quelle stesse parole; e son forzati di creare segni arbitrarj per esprimerle. Alcuni hanno adottato un numero infinito di questi geroglifici, seguendo in ciò le tracce di Seneca, il quale ne aveva imaginati cinque mila: di maniera che se qualcuno, dotato di una memoria prodigiosa, ha potuto mettere questo metodo in pratica, a moltissimi altri è stato impossibile di riuscire in sì difficile intrapresa. Tali principj sono oscurissimi per quei medesimi che gli hanno inventati, e si oppongono ai progressi di quelli che gli praticano, di maniera che non possono trarne alcun vantaggio : mentre che, seguendo un sistema regolare e saviamente concepito, tutti posson fare gran progressi nella carriera stenografica.

I carratteri simbolici, come pure gli alfabeti sillabarj, producono, lo ripetiamo, una folla d' inconvenienti; stancano la memoria, disturbano l' imaginazione, rendono la scrittura inintelligibile, e finiscono col disgustare chi ne fa uso : esigono d' altronde una pratica abituale; poichè accade spessissimo, dopo un' applicazione di diversi anni, ed anche allorchè quasi tutta la vita è stata impiegata all' uso di questi geroglifici, ch' essi sono ancora troppo poco profondamente impressi nella memoria, e che, se si cessasse di scrivere per qualche tempo, uno se ne ricorderebbe appena.

Allorchè invece ci serviamo di un alfabeto composto di segni semplici e facili a delinearsi, i caratteri s' imprimono nella memoria, e non possono più cancellarsi: e siccome un simile alfabeto esclude necessariamente l'uso dei segni arbitrarj e simbolici, sarà molto più chiaro [1] di tutti quelli impiegati nei metodi che abbiam descritti. Con tutto ciò, i loro autori aveano avuto la vanità di credere ed il segreto di persuadere anche a persone illuminate, ch' essi avevano portato l' arte all' ultimo grado di perfezione.

I difetti che ho fin quì rilevati non sono i soli che si trovano nei trattati di stenografia. Gli uni han lasciato il lettore senza istruzione o senza regole per dirigersi; gli altri hanno

---

1 Ogniun sa, che non le lettere delineate dall' inchiostro fanno impressione sulla vista, ma bensì quelle figurate dal bianco separato da quei tratti neri; che questi non riflettono punto la luce, ma che in vece l' assorbiscono intieramente. Da ciò risulta che una scrittura formata da linee rette ed orbicolari riunite in monogrammi, i quali producono simultaneamente all' occhio tutti i loro tratti, e con tanta distinzione come se fossero isolati, è molto più chiara di quelle formate da linee spirali o da segni amorfosi troppo complicati, i quali non possono produrre se non una scrittura a andirivieni, indicata presso i Greci dalla parola.

dato principj sì complicati, che niuno ha potuto comprenderli. In essi si raccomanda di unire insieme due, tre, quattro ed anche sei parole, e di non scrivere altra lettera che le iniziali quando vi è bisogno di celerità; ma si ha cura nello stesso tempo di tacere i cattivi effetti di questa specie di riduzione; non si dice se questa maniera di scrivere è leggibile o no, nè come potrebbero trarne partito quegli stessi che l' hanno inventata. Egli è facile vedere, per chiunque si dà la pena di esaminare, che quei che hanno imaginato queste abbreviazioni, e che si espongono a darne delle regole, debbono tutto il successo dei loro metodo all' eccellenza della loro memoria; e che, se per avventura non possono trascrivere immantinenti i loro segni abbreviatori nel tipo ordinario, è impossibile che gli diciferino mai più. Questo sistema a nulla è buono; e caratteri simbolici adoperati secondo questo metodo, lo renderebbero vieppiù misterioso.

A queste imperfezioni si devono attribuire tutti i pregiudizj insorti contro l' arte abbreviatoria. Molti hanno abbandonato questa maniera di scrivere senza avervi potuto fare alcun progresso, e son stati scoraggiti dalla cattiva scelta dei caratteri, o dall' oscurità delle regole che avevano adottate. Il metodo che noi offriamo al pubblico non avrà quest' inconveniente; e quest'asserzione è fondata sulla giustizia ch' è stata resa al sistema di Taylor, primieramente da tutta l' Inghilterra, e quindi dalla Francia, alla cui lingua è stato molto ingegnosamente adattato da T. P. Bertin, e di cui il nostro è un' imitazione adattata alla lingua Italiana con certi utilissimi cambiamenti.

Dopo aver considerato i vizj degli altri metodi quanto all' uso delle consonanti, delle vocali, dei geroglifici e delle loro regole di contrazione, egualmente che i differenti pregiudizj che sono insorti nello spirito di quei che gli hanno adoperati, entreremo nelle particolarità delle obiezioni che sono state fatte alla pratica della stenografia stessa.

Primieramente la maggior parte di quei che sono estranei a quest' arte sembrano disposti a riguardar i nostri caratteri come espressioni arbitrarie di parole, e suppongono che n' esista un numero sufficiente per rappresentare tutte le voci della nostra lingua: la necessità d' imprimersi nella memoria questo numero prodigioso di segni, gli spaventa; e da ciò proviene la loro avversione per quest' arte. Ora noi dobbiam disingannarli.

Le parole della nostra stenografia son formate colle lettere regolari di un alfabeto costante e uniforme, come quello della scrittura usuale. Esse differiscono dalle lettere comuni per la superiorità che hanno sopra di quelle, cioè in quanto che sono più semplici, più prontamente delineate e più facili ad unirsi, non avendo alcuno di quei tratti sottili, o collegamenti superflui e senza espressione, che le lettere comuni esigono. D' altronde, i caratteri collegandosi ed annodandosi tra di loro senz' altri tratti che quei che sono materialmente necessarj per formare la lettera stessa, la penna si maneggia più facilmente in questa specie di scrittura, che in quella formata coi caratteri degli altri abbreviatori, ed anche col tipo ordinario.

Altri fondano la loro critica sul tempo necessario per acquistare un' esperienza mediocre in stenografia; questi sull' aver, dicono essi, della tendenza a *guastar* la mano; quei finalmente, perchè nuoce, al creder loro, alla vera ortografia. Egli è cosa ben facile il distruggere queste false imputazioni.

Il tempo necessario per apprendere a stenografiare non può offrire un mezzo di rimprovero se non a quelli i quali non avessero il talento dell' applicazione, ed eglino in tal guisa attaccherebbero egualmente tutte le scienze ch' esigono un poco di studio. Ma per acquietare le persone a cui rincresce sopra ogni altra cosa la perdita del tempo, noi gli preveniamo che pochi momenti di meditazione su questi principj, sono più che sufficienti per acquistarne la teorìa. Facciamo loro osservare nello stesso tempo, che questo esercizio è degno delle prime ore del giorno, troppo preziose per applicazioni ordinarie, e ch' egli è difficile ricavare un maggior profitto dal suo tempo.

Quanto al secondo rimprovero, esso non è più fondato del primo. La stenografia, dicesi, disordina la mano. Ma qual somiglianza hanno i suoi caratteri coll' alfabeto ordinario? Quale analogia? Nessuna. Ebbene! dicanci adunque costoro, come possono nuocere alla maniera ordinaria di scrivere. Lo scolaro di disegno si *guasta* egli la mano abbozzando figure di uccelli, di pesci e di animali di ogni specie? E l' abitudine di disegnare arboscelli e fiori, impedisce forse di delineare una conchiglia, un insetto, un minerale? La negativa risponde certamente in una maniera ben vittoriosa a tutte queste interrogazioni.

Finalmente, la terza imputazione, più frivola ancora delle altre, cade sul poter la stenografia nuocere all' ortografia, perchè essa è, per così dire, l' eco della pronuncia: ma quest' errore non può essere accolto se non da spiriti poco meditativi, poichè la nostra lingua, differente in ciò da molte altre, si scrive come si parla; lo che ci fornisce un gran vantaggio sulla Francese e sull' Inglese, ai quali idiomi soltanto è stato finora adattato il presente metodo. D' altronde, è egli verosimile che uno scrittore il quale si avvezza a certe contrazioni possa perciò peccare contro la vera ortografia? Gli scolari di giurisprudenza, i quali sincopano la loro scrittura sotto la rapida dettatura di un professore, molto più che gli altri se ne allontanerebbero! Ma citiamo l' opinione di Locke; essa avrà sicuramente in questa circostanza maggior peso di tutte le nostre asserzioni. Questo filosofo è sì lontano dal credere che la stenografia sia pregiudiciale all' ortografia ed alla scrittura, che ne raccomanda lo studio, prescrivendo però che uno aspetti di essere familiarissimo coi caratteri ordinarj. L' inimitabile Richardson colloca uno stenografo in quasi tutti i suoi romanzi; ed il dotto Molineux [1], in una let-

---

1 Siccome vi sono diversi scrittori di questo nome in Inghil-

tera al profondo pensatore di cui abbiam' ora parlato, gli dice: « Voglio che mio figlio apprenda la stenografia, non in maniera da » poter un giorno seguir colla penna la parola » di un oratore [1], ma per applicarla al suo » uso particolare. Credetemi, *aggiunge,* essa » è una scienza necessarissima agli uomini di » lettere e di affari: mi rincresce molto di non » averla appresa, poichè ne ho riconosciuto il » merito nei vantaggi che altri han saputo ri- » portarne ».

Taylor, nel lungo corso della sua profes-

---

terra, ricorderemo ai nostri lettori che Molineux, da noi qui citato, è quello di cui Locke si onorava di essere l' amico, e che, dopo aver proposto per il primo questa questione altrettanto nuova quanto ingegnosa, *se un uomo nato cieco, ed assuefatto a distinguere col tatto un cubo da un corpo sferico dello stesso metallo, e quasi della stessa grossezza, potrebbe, riacquistando la vista, dire, senza toccarli, quale fosse il globo e quale il cubo,* la risolvette colla negativa, ed attirò nel suo sentimento Locke stesso ed i dotti di tutti i paesi. Si converrà che il suffraggio di un tal' uomo deve essere di qualche peso nell' opinione pubblica.

1 Se il metodo di Taylor avesse allora esistito, non avrebbe avuto bisogno di questa limitazione.

sione stenografica, non ha trascurato alcuna delle osservazioni che gli sono state fatte; ed in seguito di queste osservazioni e delle sue proprie, rettificando il suo metodo, è pervenuto a dargli quel grado di perfezione, riconosciuto da un numero prodigioso di allievi nelle università di Oxford, di Scozia e d' Irlanda, che hanno abbandonato gli antichi sistemi per seguire i suoi principj. Questi allievi, come anche i migliori giudici dell' Inghilterra in stenografia, gli hanno dato le testimonianze più onorevoli : vi si distingue sopra tutto quella del dottor Beattie, professore di morale. Questo scrittore dichiara che di tutti i sistemi stenografici che ha esaminati (ed egli ne ha veduti molti), quello di Taylor è senza dubbio il migliore; che l' arte non gli sembra *suscettibile di una maggior perfezione;* e che l' autore ha incontestabilmente il primo luogo nella sua professione. Taylor, estraneo al suo proprio merito, ha però la modestia di dubitare di esser pervenuto all' ultimo grado di questa scienza [1]; ma egli ha nello stesso tempo la vanità di credere, che nessuno si è presa altrettanta cura quanta lui per distinguervisi. Questa però è una giustizia che non potranno ricusargli quei che si applicheranno ad esaminare il suo metodo. Essi vedranno quante pene ha dovuto costargli il portarlo ad un grado di perfezione e di semplicità tale, che praticandolo si può scrivere nella nostra lingua più cose in un ora, che in otto colla scrittura ordinaria.

Egli è facile calcolare, in consequenza di un tal vantaggio, i servigj che questo metodo può rendere à tutte le classi della società. Le persone ricche vi troveranno una ricreazione

---

1 Noi siamo persuasi che l'abbreviazione, conservando la chiarezza necessaria alla scrittura della stenografia, non possa salire a più alto grado, e abbiam messo gl' intendenti in istato di discernere *quid distent æra lupinis;* nondimeno, siamo noi lungi dallo scoraggir coloro che volessero rivalizzar con noi: ma promettiamo che le persone che adotterrano il nostro metodo, potranno, in pochissimo tempo, gettare il guanto ai più grandi iniziati nell' arte tironiana, e dar loro la sfida del poeta Venusino:

Detur locus, hora,
Custodes: videamur uter plus scribere possit.

istruttiva, ed un rimedio efficace contro la noja [1]. Un buon libro, copiato con questo metodo, offre nel leggerlo un piacere incognito, *hoc juvat et melli est;* sembra che ci elettrizziamo coll' autore, *mens ardescit legendo;* e si prende anche spesso per un effetto dell' imaginazione ciò che non è se non la spiegazione meccanica dell' alfabeto più saviamente concepito. Ne fa sopra tutto fede il prelodato Bertin, il quale dice aver copiato egli stesso con questi caratteri l'Emilio di Gio: Giacomo Rousseau, quasi tutto Moliere, le opere di Gentil Bernard, una parte delle opere di Racine, Paolo e Virginia di Bernardino di Saint-Pierre, come pure i due volumi delle fa-

1 Il tipo ordinario applica debolmente gl'i occhi; le passioni, le reminiscenze, il sonno stesso, chiudono spesso le vie della riflessione, e la distraggono dal suo oggetto. Non è così della stenografia; siccome l' occhio non legge i suoi caratteri se non coll' ajuto dell' intelletto, essa comanda imperiosamente l' attenzione, trae i sensi dal loro torpore, aguzza la curiosità, tiene lo spirito continuamente nell' aspettativa di ciò ch' egli è per discoprire, e scuote con questa continua tensione il giogo tirannico delle distrazioni.

vole di La Fontaine, e che ha letto queste diverse opere con tanta facilità, sebbene dopo un intervallo di tempo, che credeva dover attribuire all' operazione della memoria ciò che doveva unicamente alla bontà del metodo, il quale, all' estrema semplicità dè suoi segni, riunisce la facoltà di abbreviare fino ad un punto veramente maraviglioso. Anche noi direm di passaggio aver copiato alcune opere, nelle quali abbiam provato gli stessi effetti; non le abbiamo però pubblicate, ma abbiamo in vece avuto premura di far parte ai nostri concittadini di quest' arte tanto vantaggiosa; poichè non era giusto che l' Italia, prima in quasi tutte le produzioni scientifiche, avesse dovuto esser l' ultima nel rinascimento di questa, portata, com' ella è, ad un tal grado di perfezione; giacchè, se non si toglie affatto alla scrittura la sua forma materiale, è impossibile ristringere maggiormente i suoi caratteri. Con un sol colpo d' occhio s' intende la sostanza di diverse pagine del tipo ordinario: la favola in francese della Cicala, non occupa in questa guisa più che una sola linea[1]; e se l'Iliade di Omero, scritta in caratteri stenografici imperfettissimi, fu altrevolte racchiusa in un guscio di noce, siam persuasi che, adottando i nostri principj, si potrebbe comprendere in uno spazio molto minore il capo d' opera di questo divino autore.

La stenografia deve formare un ramo di studio interessantissimo per le persone che si applicano alle leggi ed alle scienze astratte. Essa fornisce alle une la facoltà di ritenere in un modo esatto e corretto gli argomenti dei loro avversarj, le sentenze pronunciate dai giudici, le risposte degli accusati agl' interrogatorj, la deposizione dei testimonj e le parole dei *giu-*

---

1 Si può dunque, mediante la stenografia, comporre una considerabile biblioteca portatile; e la pratica di quest' arte, la quale non può mancare di estendere il circolo delle nostre cognizioni, dà allo spirito un' inclinazione naturale verso le occupazioni utili; essa procura nello stesso tempo il vantaggio così bene espresso da questo verso:

Emollit mores, nec sinit esse feros.

rati[1]; alle altre il mezzo di seguire colla penna le lezioni dei migliori professori. L' arte

---

1 In Inghilterra, ed in tutti i paesi ove la prova testimoniale non si scrive, per timore che non venga alterata dall' imperizia, dalla malizia, o dalla corruzione di quello che la riceve, ed anche dalla difficoltà di rendere alla deposizione di un testimonio tutta la sua verità testuale in uno stile che non soffra sinonimi; per timore altresì che questa parte essenziale della procedura, venendo alienata o incendiata dopo la morte o l' assenza di un testimonio, non impedisca il corso della giustizia e non lasci il più atroce delitto impunito, la stenografia è di una necessità indispensabile; e si è veduto il tribunale ed il consiglio di Hastings occupar ciascuno uno stenografo per raccogliere letteralmente le accuse del celebre processo suscitato da Burke contro il governatore dell' Indostano. Quest' arte, quantunque nella sua imperfezione, aveva di già in Inghilterra la più gran vóga avanti la rivoluzione del 1688. Carlo I se ne servì nella sua prigione, come si vede nei numeri 111, 118 et 119 del vol. 3 delle sue lettere, le quali sono scritte in caratteri stenografici. E parte sopra un passo stenografiato del suo sermone, il predicatore Rosewell fu giudicato colpevole di alto tradimento, e condannato a morte sotto il regno del superstizioso Carlo II *.

L' abbreviazione è anche di un grandissimo soccorso in Sve-

* Shakespear, che viveva nel XVI secolo, fa dire, nella sua tragedia di Macbeth, dal medico della principessa di questo nome, nella scena in cui ella parla dormendo.

I will set down what comes from her, to satisfy my remembrance the more strongly.

« Voglio raccogliere in iscritto ciò che è per uscire dalla sua bocca, per imprimermelo più fortemente nella memoria ».

Il che può far pensare che questo medico era riguardato come possedere l' arte dell' abbreviazione.

della stenografia conviene in somma, a tutti i paesi ed a tutte le classi della società; al viaggiatore, il quale potrà tenere note segrete ed espeditive delle sue osservazioni; alle persone che debbono ricorrere alle pubbliche biblioteche per farvi degli estratti; al geniale del teatro, il quale con alcuni tratti di lapis conserverà i versi più piccanti o le massime più degne di nota di un' opera nuova. Basterebbe, per esser convinti della sua utilità, gittare un colpo d' occhio sulla lista dei soscrittori che hanno incoraggito colla loro protezione l' ingegnosa intrapresa di Taylor, e che si trova al principio della sua opera.

Uno dei grandi vantaggi di questo sistema,

---

zia, antica culla della libertà. Bungengrouna, segretario della camera dei nobili, era in quel paese un prodigio in stenografia: non solamente egli raccoglieva in tal guisa tuttociò che dicevano gli oratori, ma notava ancora le inflessioni della voce, e riuniva il doppio talento descritto in questo verso di Orazio:

Legitimumque sonum digitis callemus et aure;

di maniera che quando ei leggeva i processi verbali della Dieta, ogniun credeva che i membri, i quali avevano parlato, fossero ancora alla tribuna.

e che forse gli farà maggior onore, è che esso offre a tutte le nazioni del globo una base generale di stenografia ed un alfabeto abbreviatore universale [1], il cui successo non può se non corrispondere all' opinione che Taylor se n' è formata. Noi speriamo altresì ch' esso sarà sostituito alla scrittura usuale da molte persone, e sopra tutto da quelle le quali il meccanismo della scrittura stanca, e disturba le loro idee; e non temiamo di predire che gli stampatori saranno obbligati di farne uno studio particolare per stampare le produzioni degli autori, i quali senza dubbio adotteranno i nostri principj. E come infatti dubitare della riuscita di un sistema che rende la mano rivale della voce, e gli fa, per così dire, precedere il pensiere? Che riunisce l' utile al dilettevole, che diverte, che istruisce, che

---

1 Noi indicheremo in quest' opera, alla fine dell' Istruzione, la differenza ch' esiste tra il metodo di Taylor, l' applicazione fattane da Bertin alla lingua francese, e la nostra all' idioma Italiano; in tal guisa il lettore avrà sotto gli occhi l' originale e le imitazioni.

piace alle persone allegre ed agli spiriti serj, e che ha il merito di essere tanto presto praticato dalle persone attempate, quanto dalla gioventù? Di fatti questo metodo, il quale è fondato sopra regole costanti, e scevro di ogni specie di arbitrio, non occupa quasi affatto la memoria; ma tende, sopratutto nei principj, le molle dell'imaginazione, forzandola di supplire al vuoto lasciato dalla soppressione delle vocali; e l'intelligenza della stenografia dipendendo sempre dal senso che precede e da quello che segue, è certo che un uomo di un età matura ha maggior vantaggio per intendere il vero significato di una parola scritta coi nostri caratteri, di quello che non ha un giovane senza esperienza e senza erudizione. Così i termini *compagno* e *campagna*, *maniera* e *miniera*, *allettare* e *allattare*, *colore* e *calore*, *corte* e *carta*, *delitto* e *diletto*, *patire* e *potere*, *impero* e *impuro*, *amore* e *amaro*, *canto* e *conto*, *volere* e *valore*, *marmitta* e *marmotta*, etc., esprimendosi nel nostro alfabeto con gli stessi segni, è senza dubbio l' ingegno più penetrante [1] che darà più prontamente a questi sinonimi stenografici [2], se posso dir così, il loro vero significato. Avremmo potuto, con una maggior quantità di segni, render più agevole l' azione dell' intelletto, ma con maggior tormento della memoria; questa facoltà puramente corporea essendo più facile a stancarsi, e meno docile delle facoltà mentali [3], è cosa assai più semplice il mettere in azione il giudicio che è un agente intellettuale, le cui operazioni più pronte e più facili laceranno quasi senza fatica il velo enimmatico, che la simulitudine di certe espressioni stende sopra alcune frasi stenogra-

---

1 Verrà il tempo, e non è lontano, in cui sarà facile il distinguere un' accurata da una trascurata educazione, alla sola lettura della stenografia.

2 Questa rassomiglianza nelle forme delle parole, ha luogo ben di rado nelle idee ch' esse esprimono; poichè tutte le volte che un segno offre, interpretato in un modo, un senso ragionevole, e interpretato in un altro, un senso assurdo, non può esservi equivoco.

3 Si forza l' anima a pensare, come si forza il corpo a camminare. LOCKE.

Quodcumque imperavit animus sibi obtinuit. SENECA.

fiate. Questa confessione potrà esser rivolta in obietto contro di noi; la censura, sempre gelosa della novità [1], e tromba infaticabile del merito degli antichi, non mancherà di dire che le parole di cui abbiam parlato, sembrando totalmente simili, diverranno molto equivoche, e che l' omissione delle vocali farà sì che non sarà leggibile la scrittura : ma tali armi non sono formidabili. Le persone illuminate converranno che, se l' algebra è, come l' ha detto un' uomo dotto, una stenografia matematica, la stenografia è l' algebra della scrittura, e che si possono togliere certe lettere dalle parole, come si sopprimono certe frasi di un discorso senza nuocere allo spirito del testo : questo mezzo stesso fa fare, nei due casi, un cammino molto più corto all' istruzione.

Non vi è certamente alcuno dei nostri lettori che sarebbe imbarazzato nella vera interpre-

---

1 Orazio diceva :

Indignor quicquam reprehendi, non quia crasse
Compositum illepideve putetur, sed quia *nuper*.

tazione dei segni rappresentanti le parole che abbiam citato : quando lo fosse per un istante, una tale irresoluzione riuscirebbe a vantaggio del suo intelletto; forzato d' imaginare ciò che non può intendere sotto l' emblema di un tipo ridotto alle forme più ristrette, questo esercizio, quantunque poco penoso per lui, perchè il suo discernimento è ajutato dal senso che precede e da quello che segue, la parola che lo ferma non l' identifica meno, in qualche maniera, con quello che l' ha composto : vantaggio prezioso, e che non è stato neppure ancora scorto da alcuno di quei che hanno trattato dell' abbreviazione. Del resto, l' oggetto principale e quasi unico della stenografia essendo quello di seguire la parola dell' oratore, nulla importa che sul principio la lettura ne sia un poco meno corsiva di quella della scrittura ordinaria;poichè questo leggiero inconveniente si dissipa bentosto colla pratica. Noi andiam più lungi, e pretendiamo che col tempo la lettura dei nostri caratteri diviene più rapida di quella del tipo comune : poichè, come la parola è il segno udibile delle idee, le lettere sono il segno visibile della parola; e più l'intermediario tra il pensiero ed il senso è corto, più l'imaginazione è pronta a spiegarlo. Così l'iscrizione S. P. Q. R., che si vede su gli stendardi romani, presenta un testo che s'interpreta in un batter d'occhio, quantunque comprenda quattro parole formate da ventiquattro lettere; lo stesso accade dei segni numerali e delle note di musica. Quest' osservazione, s'intende, è soltanto applicabile alle letture mute o mentali, e non a quelle che si pronunciano; poichè, per queste ultime, il meccanismo della voce esige lo stesso tempo coi caratteri stenografici che col tipo ordinario: l'organo della vista può solo profittarne.

L'abitudine di stenografiare fortifica la memoria: questa facoltà fisica, e troppo spesso depositaria infedele delle idee offerte dagli oggetti che si presentano alla nostra vista, li conserva molto più facilmente allorchè hanno certi tratti ai quali i nostri occhi non sono assuefatti. Ne abbiamo la convinzione nella storia dalle medaglie ed emblemi, che si ritiene meglio di quella scritta. Il carattere di novità nelle forme fisionomiche fece sì che Cinéa, ambasciatore del re Pirro presso i Romani potesse ricordarsi i nomi degli spettatori che lo circondavano, e che il seguente giorno nominasse tutti i senatori ed i plebei, senza dimenticarne un solo. All' analisi dei tratti più bizarri o più notabili della fisionomìa, Ciro doveva la rimembranza di tutti i nomi dei soldati che componevano il suo esercito; associando idee alla varietà delle forme, Ortensio, ch' era presente un giorno a Roma ad un incanto pubblico, tenne a memoria il prezzo ed i nomi di tutti gli effetti venduti, come pure quello dei compratori, e il conto che ne rese si trovò esattamente conforme a quello del banditore. Con questa stessa associazione delle idee alla delineazione dei segni stenografici, gli uomini di legge, i commedianti e tutti quei i quali, in Inghilterra, sono obbligati per professione di parlare in pubblico, si fanno una memoria artificiale, e pervengono a ritenere molto più prontamente ciò che apprendono, che se lo avessero scritto con lettere di una configurazione più familiare. Finalmente, per ottenere un tal vantaggio, Winckelmann, autore della *Storia dell' Arte*, ha ridotto in figure la logica di Aristotile. E non si creda che una memoria più o meno fedele sia una cosa indifferente. La potenza commemorativa è la sorgente dell' imaginazione; essa è il principal motore di tutte le operazioni dell' intelletto; ed i poeti hanno proferita una gran verità quando hanno dato alle Muse il nome di *Figlie della memoria*. Noi abbiamo prove incontestabili dei lumi ch' essa ha somministrato a quei che l' hanno costantemente esercitata, nell' esempio di Le Grand, di Baron, di La Noue, di Moliere, di Shakespear, di Garrick, di Macklin, primi autori e comici del loro secolo; in quello di Pascal, che nulla dimenticò di ciò che aveva fatto, letto o pensato in tutto il corso di sua vita; finalmente nel modello degli oratori, il famoso Demostene, il quale copiò otto volte, ed imparò a memoria Tucidide, per dare, diceva egli, maggior elasticità al suo genio.

Siccome sarebbe ingiusto di privare il nostro sistema di alcuno de' suoi vantaggi, ne termineremo l' enumerazione, assicurando ch' esso può rendere i più grandi servizj al commercio dell' amicizia[1]. Confidente offiziosa di una pas-

---

[1] Si può col nostro metodo, ingrossando la forma dei segni stenografici, intendersi da lontano o da luoghi inaccessibili; e questo mezzo è molto più pronto di quello dell' alfabèto ordinario, poichè si sopprimono le vocali: si può anche conversar di notte, disponendo i caratteri davanti una lampada o un lume qualunque. Questo mezzo era molto conosciuto presso i Romani, i quali, nelle città assediate, si servivano di questi caratteri di *fuoco* per domandare ciò di cui avevano bisogno. Le lettere iniziali S. C. significavano *succurite cito* (soccoreteci presto). Polibio dà un' esatta descrizione di questi alfabeti pirografici; ed il poeta Eschilo, nella sua tragedia di *Agamennone*, entra nelle più minute particolarità su i differenti fuochi che furono accesi sul monte Ida per ordine del figlio di Atreo a fine di annunciare la distruzione della città di Troja. Questo passo è curioso, e prova che tai segnali erano conosciuti 500 anni avanti Giulio Cesare. Q. Curzio riferisce altresì che furono praticati in Asia a tempo di Alessandro.

Si può con questo metodo comporre eziandio un' artrologia o alfabeto fisionomico, mediante il quale un sordo o un muto per accidente, capirebbe e seconderebbe i discorsi di una con-

sione più viva, la stenografia può fissarne il linguaggio nel più piccolo spazio; i suoi caratteri hanno il merito di comprendere nel

versazione: per far ciò, non si dovrebbe se non sostituire ai nostri segni le dita o i tratti più notabili del viso, come si vede alla fine di questo trattato. Questi ultimi sono preferibili, poichè sono più visibili e lasciano sempre una mano libera. Finalmente sarebbe facile, coi nostri caratteri, di fare una conversazione muta, anche all' oscuro, servendosi di un fil di ottone ben flessibile, col quale si possono comporre tutti i monogrammi stenografici, e riconoscerli al tatto, come fanno gl' Indiani ed i Selvaggi con i *quipos* e colle *corregge* di *wampum*. È superfluo l' osservare, che la malvolenza non deve cercare alcun soccorso nella stenografia; poichè un metodo che può essere nelle mani di tutti, e che s' insegna pubblicamente, non è più atto a formare una ciffra diplomatica, una scrittura misteriosa, di quello che lo sia il tipo ordinario dell' alfabeto o dell' aritmetica, di cui tutta l'oscurità consiste nella *metastasi* dei segni. Questa trasposizione delle lettere basta per produrre una varietà infinita di combinazioni che il matematice Tacquet porta a 620,448,401,733,239,439,360,000. Con tanta maggior ragione si può credere alla precisione di questo calcolo, in quanto che il ministro Vergennes avea composto, coi caratteri usuali, una scrittura di polizia talmente simulata, che, sotto la forma di un viglietto di raccomandazione, dava un ordine regio (*lettre de cachet*), il quale conteneva il nome, la professione, la dimora e le qualità di chi n' era il latore, senza ch' egli lo sospettasse, quantunque fosse aperto. *Vedete* il *Manuel* delle invenzioni composto da Busch, autore tedesco, edizione del 1790, articolo *Criptografia*.

contorno di un semplice cerchio o sul gastone di un anello, le proteste più estese [1]; e per convincere il lettore della verità di quest' asserzione, basterà dire che quattro segni aritmetici, molto analoghi ai nostri, esprimono il millesimo dell' anno mille settecento novantasette, che comprende ventisette lettere.

Non aggiungeremo se non una parola a queste riflessioni; ed è che la soppressione delle vocali di mezzo e delle finali non deve punto indebolire la confidenza del lettore su la bontà del nostro metodo : le consonanti, ed i segni iniziali di una parola, ajutati, come abbiam già detto, dal senso che precede e da quello che segue, suppliscono facilmente alla loro mancanza [2] : la maggior parte dei termini privi

1 Per far ciò, non vi è bisogno del talento di Callicrate, celebre artista spartano, noto per la sua abilità a scolpire in avorio formiche e piccoli insetti, e che incise un distico elegiaco sopra un grano di sesamo.

2 Gio : Giacomo ha detto : « Il serait aisé de faire avec les » seules consonnes une langue fort claire par écrit ». *Essai sur l'Origine des Langues.*

I Persiani che pongono nei loro libri stampati le vocali fuori di questo soccorso s' intendono con facilità nella scrittura ordinaria; e non vi è alcuno che, vedendo *dscpln mltr*, e *gvrn* [1], possa

della linea, non si danno la pena di scriverle, e tutti i loro manoscritti ne sono privi.

La poesia inglese sopprime le vocali intermedie delle parole, e le rimpiazza *tutte* con *un* apostrofe: così generous si scrive *gen'rous*, evening *ev'ning*, conqueror *conqu'ror*, diamond *diam'nd*, given *giv'n*, business *bus'ness*, victory *vict'ry*, rapturous *rapt'rous;* essa sopprime anche alcune consonanti, come in *ne'er* per *never*, *auk'ard* per *aukward*, *ma'am* per *madam*, *gran'am* per *grandam*. L' omissione delle vocali iniziali è frequentissima presso gl' Inglesi, e questa sinalife si trova spesso ripetuta nelle parole *awoke* e *above*, etc.

1 Se quest' abbreviazione potesse imbarazzare quei che vivono in un secolo illuminato, che cosa dovrebbe pensarsi dei popoli i quali, nei tempi in cui la face dell' esperienza gettava una luce sì debole, esprimevano nonostante i loro pensieri più importanti con lettere iniziali? Osservate i monumenti dei Romani sul principio della loro repubblica. Le iscrizioni dei loro tempj, de' loro altari, dei loro ossuarj, cenerarj, lagrimatorj, ed urne sepolcrali, offrivano un senso estesissimo ed intelligibilissimo sotto la figura di alcune lettere isolate: *v. s. m.* significavano *votum solvit marito; o. e. ollam emit; o. o. olla ossuaria; o. d. a. v. olla data a viro; s. p. p. p. s. c. sua propria pecunia poni sibi curavit; o. e. b. q. c. ossa ejus bene quiescant; s. t. t. l. sit tibi terra levis.* In materie giudiziarie, le iniziali delle parole tenevano luogo delle parole stesse: *s. p. q. r. d.* annunciavano un decreto del senato e del popolo Romano; *a.* si prendeva per *absolutio*, *c.* per *condemnatio*; *n. l.* per non

esitare a leggere *disciplina militare*, e *governo*, sopra tutto se si ha l' attenzione di supporre col pensiero la presenza della lettera *e* fra tutte le consonanti, poichè allora questa interposizione facilita molto la lettura. In una parola, i sordi, i quali leggono ciò che loro si dice sul semplice moto delle labbra, non possono tenere quasi alcun conto delle vocali, e il senso solo della frase può fargli distinguere *riputazione* da *repetizione*.

Del resto, l' imaginazione, la cui sfera im-

---

liquet; *l. s. p.* per *legem servare promisit*. I segni epistolari dicevano anche molto di più in pochissime lettere. *C. s. d. Planc. imp. cons. des.* figuravano queste parole: *Cicero salutem dicit Planco imperatori consuli designato*. La prima parte di una lettera consisteva ordinariamente in segni letterarj, come *s. v. g. e. v.* per *si vales, gaudeo, ego valeo*; *s. t. e. T. l. n. v. e. e. s. C. v.* per *si tu et Tullia, lux nostra, valetis, ego et suavissimus Cicero valemus*. Quest' abbreviazione è giunta fino a fare di *ante diem a. d.*, e da questa sincope ci è restata la preposizione *ad* *. Se restassero ancora dei dubbj sull' uso praticato dai Romani di contentarsi delle lettere ini-

* Il termine *salico* deriva similmente dalla confusione di due parole colle quali incominciava la legge che portava questo nome, *Si aliquis*. La stessa cosa è della parola *augurio*, che si è formata da *avium garritus*.

mensa comprende simultaneamente tutte le parti di una proposizione che esigerebbe un tempo infinito per esser ridotta in definizione, ha nella sua foga la velocità del fluido elettrico; essa non conosce nè tempo nè spazio; abbraccia in un istante un cerchio immenso d' idee, e le applica senza ingannarsi ai caratteri che le rappresentano, per quanto misteriosi possano essere.

---

ziali per esprimere la maggior parte delle parole, citeremmo questi versi di Manilio, e sopratutto il primo:

> Hic et scriptor erit velox cui *littera verbum* est,
> Quique notis linguam superet, cursimque loquentis
> Excipiat longas nova per compendia voces.

Ma gli atti pubblici di Ravenna del V.° e VI.° secolo, ci danno esempj a questo proposito molto superiori a quelli dei Romani. Vi si legge: *Speclr. val. vi. inc. cond. w. cc. dn. v. inl. mag. d. v. p. x. j. usq. in. h. d. pdta. v. v. diac. schol. et col. rev. eccl. pnti. qd. p. c. ss. pp qq ss.* per *specialiter.—valere. —viri inclyti — conductores — viri clarissimi — dominus — vir inluster — magistratus — dixerunt — vir perfectissimus — decem — primus — usque in hanc diem — prædicta — vir venerabilis — diaconus scholaris et collectuarius reverendæ ecclesiæ — præsenti — quondam — post consulatum suprascriptum — præsentes — quoque — supra.* Finalmente il Virgilio di Asper, di cui esistono ancora molti frammenti, offre una quantità di versi simili al seguente:

> Tityre t. p. r. s. t. f.

Questo manoscritto è del XII.° secolo.

Allorchè però certe espressioni sembrano o divengono troppo oscure, bisogna abbandonarle un istante; e dando al ragionamento, avvertito dai loro segni, il tempo di farne lo spirito avvisato, fa quindi maraviglia il leggere correntemente le parole che al primo aspetto erano sembrate incomprensibili.

Il successo di questa prova, che in quasi tutte le incertezze è infallibile, procede dalle sensazioni impercettibili: per le sensazioni impercettibili l' intelletto, distratto in apparenza da un oggetto al quale credevamo averlo fatto rinunciare dirigendolo verso un altro, continua ad occuparsene senza che noi ce ne avvediamo, e ci dà, al ritorno della nostra vista o della nostra memoria su quel primo oggetto, la chiave dell' enimma che avevamo inutilmente cercata [1].

---

1 Quando s' incontrano alcuni termini tecnici che imbarazzano nella lettura, bisogna allora scriverli con tutte le lettere; ma la pratica renderà familiari allo studente tutte queste parole.

Finalmente la scrittura stenografica farà fare osservazioni molto più curiose di queste: si vedrà, per esempio, ch' essa è il *noesimetro* o la misura dell' intelletto di quei che la praticano [1], il crogiuolo dove si fa perfettamente la separazione dei vizj di un' opera, e che vi sono pochi scrittori che possano non paventarne la rigorosa analisi [2].

Così dunque, tanto riportandosene al ragionamento, e scorrendo l' istoria degli antichi, quanto volendo consultare l' esperienza, e seguire l' impulsione data dagli altri popoli, bisogna convenire che la stenografia è un' arte utile, e che deve formare la perfezione di un' accurata educazione; ma essa non deve esserne il principio: lo studio di quest'

---

1 Si misura colla stenografia la capacità di un uomo, come si misura la sua statura col *piede*.

2 La stenografia risolverà questa domanda, che tutti i lettori si fanno giornalmente: « *Perchè, un opera che sembra cattiva* MANOSCRITTA, *diviene più sopportabile* STAMPATA? Dimostrando che, nel primo caso, l' intelletto, il quale, per la sua rapidità, è spesso obbligato di supplire a ciò che l' occhio ha mal compreso, o compreso lentamente nella scrittura, sempre più dif-

arte ha bisogno di alcune cognizioni preliminari; e se non esige totalmente gli *oculi eruditi* di cui parla Cicerone a proposito delle note tironiane [1], essa richiede, come le arti liberali, un' imaginazione coltivata, e un qualche gusto per l' applicazione.

Noi poniamo la stenografia fra le arti liberali, perchè, com' esse, ella esercita le facoltà mentali. Gli altri metodi non debbono punto pretendere a questo titolo, poichè, nulla lasciando fare all' intelletto, non possono formare se non copisti, e copisti sempre infedeli. Questo invece formerà uomini illuminati, uomini dotti; provocherà il desiderio dell' istruzione; ed allontanando le lentezze

---

ficile a leggersi della stampa, resta in una continua tensione, e che è sempre pronto a censurare lo stile che legge, se non si accorda con quello che voleva sostituire; che, nel secondo caso invece, l' imaginazione, resa neghittosa da un tipo la cui lettura non esige da essa alcun soccorso, diviene meno vigilante, e per conseguenza meno severa verso tutto ciò che non la scuote o non l' urta con molta forza.

[1] *In hac scriptura (stenographia) veræ litteræ non tam luculenter conspici possunt quin oculi mentis in subsidium sint vocandi.* Beger.

del meccanismo della scrittura usuale, aumenterà l' attrattiva della composizione. Esso convincerà l' uomo di tutte le età del piacere che si pruova attignendo *senza fatica* nelle scienze e nelle arti, le risorse di cui il genio ha bisogno di essere ajutato.

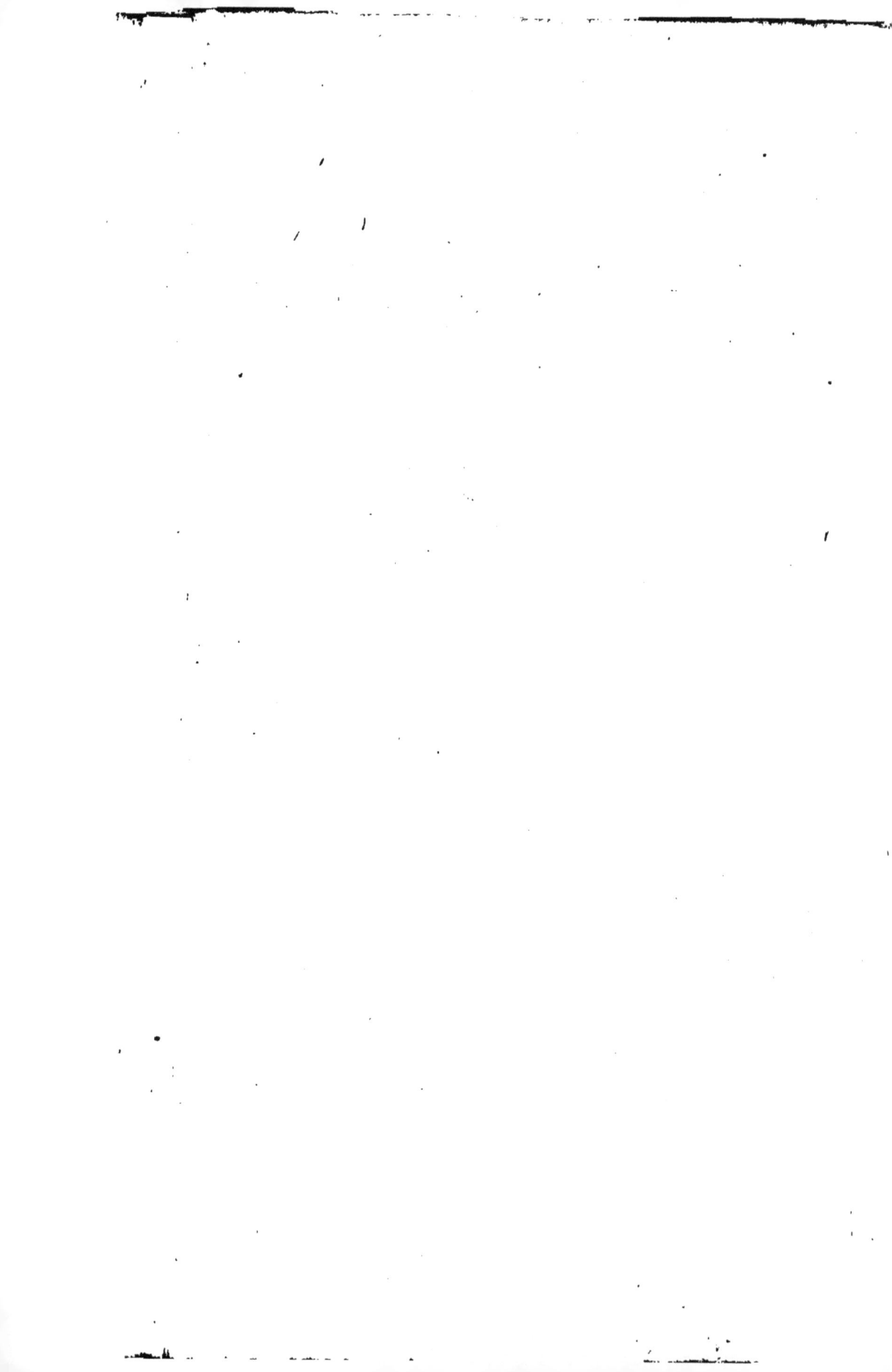

Tavola I.

Alfabeto
o Tavola delle lettere, desinenze e parole rappresentate da caratteri Stenografici.

	Lettere	Parole	Segni rappresentativi
Vocali	a	ha, hai, a, al &c	
	e	e, è	
	i	i, io	
	o	ho, o	
	u		
Consonanti	b	bue	
	c	ci, ciò, cioè	
	d	Dio, Dei &c, dì, di, del &c, da, dal &c	
	f e v	fo, fa, fu, va, vi, voi	
	g	già, giù	
	j	jeri	
	l	il, lo &c	
	m	ma, me, mi, mio &c	
	n	ne, noi, in, nei, un, uno, una	
	p	più, per, può, poi	
	q	quà, quì, che, chi, cui	
	r	Re	
	s e z	sa, se, si, so, su, suo &c	
	t	te, ti, tu, tuo &c	
	gl	gli, egli	
	gn	ogni	
Desinenze	&c		
	one, ione, eone		
	issimo &c		

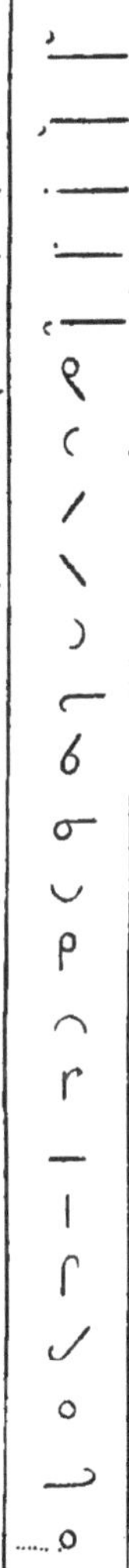

NB. I cinque tratti orizzontali ed i puntini non formano carattere, ma rappresentano soltanto, i primi, la prima lettera della parola a cui si applica il segno della vocale iniziale, e gli ultimi, l'ultima lettera, a cui si unisce il segno finale.

Gli &c. che si vedono nella colonna delle parole, denotano solamente i differenti genere e numero delle voci che li precedono.

Incis. a Parigi da Dien per conto di F. Amanti.

SISTEMA
UNIVERSALE E COMPLETO
DI STENOGRAFIA,
O SIA
MANIERA DI SCRIVERE IN COMPENDIO,
APPLICABILE A TUTTI GL' IDIOMI.

> Si quid novisti rectius istis
> Candidus imperti; si non, his utere mecum.
> Or. *Epist.* lib. 1, epist. 6.

ISTRUZIONE.

L'ALFABETO essendo la prima cosa ché dobbiamo considerare, preveniamo il lettore che il nostro è composto di soli quattordici segni, esprimenti le consonanti *b*, *c*, *d*, *f*, *g*, *j*[1], *l*, *m*, *n*, *p*, *q*, *r*, *s*, *t*, *v*, *z*, di maniera che

[1] Questa lettera adoprandosi molte volte siccome consonante, in quei casi soltanto noi la rappresentiamo col segno indicato nell' alfabeto.

la *h* non potendo chiamarsi che mezza lettera, poichè non ha da se sola vibrazione alcuna, essa si rende inutile in una scrittura stenografica. Le tre altre lettere, *k*, *x*, *y*, sebbene da alcuni vengano classificate nell' alfabeto usuale, esse però non appartengono punto alla lingua italiana, e perciò non sono da noi considerate. Le lettere *f* e *v* [1] avendo fra loro nella pronunzia molta analogia, un sol segno sarà per esse sufficiente : seguirà lo stesso della *s* e della *z*. Il *c* avendo un suono ora dolce ed ora aspro, il segno da cui viene rappresentato nel nostro alfabeto non dovrà servire se non quando vien pronunciato

1 I Latini hanno per molto tempo pronunciato *firtus firgo*, in vece di *virtus virgo*. In generale le lettere di un medesimo organo, come il *b* ed il *p*, il *c* ed il *g*, il *d* ed il *t*, potrebbero servire le une per le altre, e non avere che uno stesso segno; ma per maggior chiarezza noi abbiam preferito di distinguerle: abbiamo anche procurato di dar loro le forme che più si somigliano, affinchè, se nella rapidità della scrittura questi segni si confondessero, non ne risultasse che un leggerissimo inconveniente. Così, supponendo che il *b* fosse formato come il *p*, il *d* come il *t*, il *c* come il *g*, non produrrebbe se non il dover leggere *badrone* in vece di *padrone*, *tolcezza* in vece di *dolcezza*, *confiare* in vece di *gonfiare*; il che non può punto arrestare uno stenografo.

dolcemente, cioè allorchè precede una delle vocali *i* ed *e;* quando poi si trova innanzi ad una delle altre tre vocali *a, o, u,* o avanti la *h,* pronunciandosi comme il *q,* si farà uso del segno da cui viene questa lettera rappresentata. Il nostro alfabeto deve dunque leggersi così, *b, c, d, f* o *v, g, j, l, m, n, p, q, r, s* o *z, t*: a questi quattordici caratteri si uniscono la doppia consonante *gl,* quando precedeun *i,* e la *gn,* il suono delle quali essendo facile e fluido, e le medesime incontradosi spesso nel discorso, abbiam creduto bene, per maggior espeditezza, rappresentarle ciascuna con un sol segno. Oltre di ciò, due altri segni esprimono le due desinenze di cui si fa più frequentemente uso nella nostra lingua, e delle quali parleremo a suo luogo. Dopo aver fissato il numero delle consonanti e delle desinenze che ci sono necessarie, passiamo a considerare i mezzi onde ottenerle da una serie di caratteri facilissimi a delinearsi; in questa scelta principalmente facciamo consistere la superiorità del nostro metodo a tutti gli altri.

I segni più semplici essendo senza dubbio quei che possono ottenersi dal circolo e dalla linea retta, non si poteva far cosa migliore che trar da queste sole figure i caratteri che costituiscono la nostra stenografia. Separando un circolo mediante una linea orizzontale, otteniamo due mezzi circoli adattatissimi ad esprimere il *q* et la *n*; un altro circolo tagliato da una perpendicolare, ci dà due altri semicircoli, che servono a rappresentare il *c* liquido, ed il *g*: lo che è quanto si può trarre dai circoli.

Le linee rette, di cui ci serviamo, sono l' orizzontale, la perpendicolare e l' obliqua; e siccome sono le più semplici, esse esprimono le consonanti che più frequentemente s' incontrano nel discorso.

La linea obliqua, tirata dall' alto al basso, a sinistra, rappresenta il *d* (tirata dal basso all' alto, forma un carattere molto espeditivo per figurare la *r* quando è unita ad un' altra lettera), tirata a dritta esprime la *f* o l' *v*; la linea orizzontale rappresenta la *s*, e la perpendicolare il *t*.

Così le otto forme della natura, cioè le linee semplici ed i mezzi circoli, trovandosi esaurite senza averci dato più di otto caratteri, ci procureremo il resto col ricorrere alle linee rette anellate nell' estremità, come si vede nella Tavola I. I quattro caratteri ottenuti in tal maniera rappresentano le lettere *b*, *l*, *m*, *p*, e compongono tutti i segni di questa specie di cui possiam far uso, benchè diversi stenografi ne impiegano molti altri. Ci resta ora a trovare i caratteri per rappresentare l'*j*, et le doppie consonanti *gl*, e *gn*, che otterremo, per l'*j*, con una linea orizzontale curva al suo principio; per il *gl*, con una perpendicolare curva alla sua sommità; e per il *gn*, con un' obliqua curva al suo pincipio, e tirata come la *r* allorchè è unita ad un' altra consonante : lo che completa il nostro alfabeto, poichè la lettera *r*, di cui abbiam di già parlato, si forma, quando si trova sola nella parola, come nella scrittura ordinaria.

Un' altra curva, ed un' altra anellatura servono ad esprimere le desinenze *one* ed *issimo*, e loro simili.

Sebbene Taylor e Bertin, per esprimere le vocali e i dittonghi iniziali, non si servano se non del solo punto, noi, che a differenza dei medesimi non dobbiam necessariamente far uso della virgola e dello stesso punto per dinotare alcune desinenze, abbiamo creduto bene di servirci di questi due segni, collocandoli in diverse posizioni avanti le parole, per distinguere le differenti vocali iniziali, come si vede nella medesima Tavola I: ciò faciliterà la lettura allo studente, mentre che di nulla maggiormente aggraverà la sua memoria, e ch' egli non perderà maggior tempo nel fare una virgola che nel fare un punto, come nel collocarli in certe particolari posizioni.

I segni delle vocali si sopprimono in mezzo ed alla fine delle parole; essi possono altresì omettersi al principio, ma questa libertà non deve prendersi se non quando si è giunto a leggere facilmente questa specie di scrittura: malgrado una tale omissione, l' abitudine proverà ben presto che con le sole consonanti ed i segni desinenti può farsi una scrittura assai leggibile.

Facciamo osservare allo studente ch' egli deve, formando le linee anellate o curve alla loro estremità, come il *b, l, m, p, j, gl* e *gn*, cominciarle dalla parte che forma anello o curvatura; ma ch' egli è libero di voltare questo anello o curvatura nella maniera che gli è più comoda per le unioni: di modo che possono formarsi in due sensi, purchè si trovino sempre

Tavola II.

Esempj
indicati nell' istruzione

1	*Animale, amore, avendo* ....
2	*Elefante, eterno, evidente* ....
3	*Idolo, iperbole, isolato* ....
4	*Odorato, onorare, organo* ....
5	*Udito, ultimo, uniforme* ....
6	*Augurare, oibò, uomo* ....
7	*Cedere, canto, cicala* ....
8	*Ajutante, jattanza, bajonetta* ....
9	*Finalmente, cortesemente, eternamente* ...
10	*Ritornare, verticale, perdere* ....
11	*Era, ira, ora* ....
12	*Raro, arare, orare,* ....
13	*Rarefare, incontrare, straordinario* ....
14	*Figlio, maraviglia, scaglioso* ....
15	*Menzogna, ignominioso, degno* ......
16	*Provisione, colazione, montone* .....
17	*Carissimo, finissimo, solissimo* ......
18	*Biblioteca, sistema, niente* ....
19	*Nondimeno, fintantoche, mezzogiorno.*
20	*A me, i venti, e quando* ....
21	Napoleone, Minerva, Parigi .....

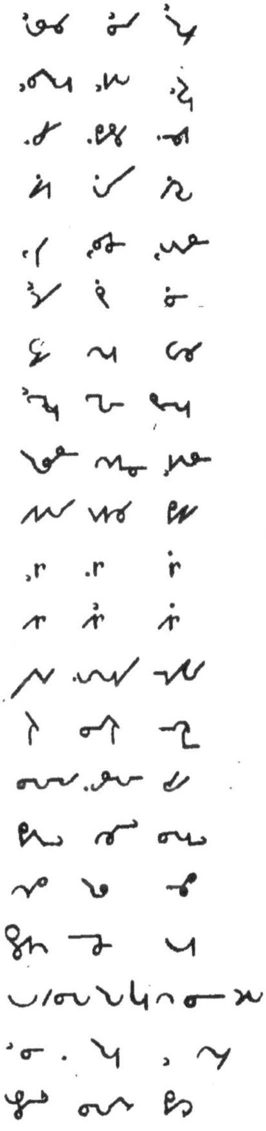

Incis' a Parigi da Dien per conto di B. Amanti

all' estremità dei segni indicati nell' alfabeto. La linea obliqua *d* si tira dall' alto al basso a sinistra, quella della *f* o *v*, dall' alto al basso a dritta; la linea orizzontale *s* si forma dalla sinistra alla dritta, e la linea perpendicolare *t*, dall' alto al basso; il *q* et la *n* si figurano delineando il mezzo circolo dalla sinistra alla dritta; il *g*, incominciando lo stesso mezzo circolo dalla sommità; ed il *c* liquido, come il *c* ordinario. La desinenza in *one* si finisce colla curvatura, e quella in *issimo* coll' anellare l' estremità dell' ultima consonante della parola [1].

Passiamo ai principj.

REGOLA PRIMA.

Nella stenografia la parola deve formarsi con un solo tratto di penna, senza mai staccarla dalla carta prima che non sia fini-

---

1 Bisogna far bene attenzione di non prendere i puntini, segnati nella Tavola I, per caratteri: essi non sono se non il segno rappresentante nel pensiero l' ultima lettera, alla quale deve applicarsi l' anellatura. Lo stesso diciamo delle cinque linee orizzontali, che vedonsi nella medesima Tavola, le quali rappresentano soltanto la prima lettera a cui si applica la virgola il punto denotante la vocale iniziale.

tà; eccettuato il caso, in cui si debba esprimere il segno della vocale iniziale.

REGOLA II.

La lettera iniziale *a* si esprime con una virgoletta rientrante, posta sulla prima consonante della parola. Esempio, Tav. II, num. 1.

REGOLA III.

La iniziale *e*, con una simile virgoletta precedente e nella stessa linea della prima consonante della parola. Esempio 2.

REGOLA IV.

La iniziale *i*, con un punto posto come il segno della iniziale *e*. Esempio 3.

REGOLA V.

La iniziale *o*, con un punto posto sulla prima consonante della parola. Esempio 4.

REGOLA VI.

La iniziale *u*, con una virgoletta eccentrica, posta come il segno della iniziale *e*. Esempio 5.

REGOLA VII.

Allorchè una parola incomincia con due vocali (e queste nel nostro idioma sono ben poche), il segno iniziale deve indicare soltanto quella, il cui suono è più sensibile, ed in parità, la prima. Esempio 6.

Il *b* non ha bisogno di spiegazione.

REGOLA VIII.

Il *c* avendo, come si è osservato, due diversi suoni, allorchè verrà esso pronunciato liquido, dovrà rappresentarsi col segno indicato nell' alfabeto; quando poi il suo suono sarà duro o aspro, bisognerà far uso del segno che esprime il *q*. Esempio 7.

Il *d*, la *f* o *v*, ed il *g*, non hanno bisogno di spiegazione.

REGOLA IX.

L'*j*, vien rappresentato dal segno indicato nell' alfabeto allorchè soltanto si considera come consonante, e non quando fa le veci di un doppio *ii* alla fine delle parole. Esempio 8.

Parleremo della lettera *l*, solo per dire ch' essa si può sopprimere alla fine delle parole che finiscono in *bile*, terminandole con il segno della lettera *b* : è per altro bene di non servirsi di questa libertà nei principj.

REGOLA X.

Il segno della lettera *m* è molto comodo per esprimere le finali in *mente;* e quantunque vi siano molte parole che terminino con questa lettera, il senso indicherà abbastanza quando sarà carattere semplice, oppur desinenza. Esempio 9.

La *n*, il *p*, ed il *q*, non hanno bisogno di spiegazione.

REGOLA XI.

Quando la lettera *r* si trova unita ad un' altra consonante, si forma collo stesso segno del *d*, colla sola differenza, come si è di già detto, che il *d* si tira dall' alto al basso, e la *r* dal basso all' alto. Esempio 10.

La *r* della scrittura ordinaria, indicata nell' alfabeto, usasi soltanto quando non vi è alcun' altra consonante nella parola. Esempio 11.

Quando s' incontrano due *r* nella stessa parola, senz' alcun' altra consonante, ma aventi una o più vocali intermedie, si esprimeranno ancora colla *r* usuale, preceduta da una linea obliqua, ossia dalla *r* che ha forma di *d*. Esempio 12.

Finalmente, allorchè due *r* sono unite ad un' altra consonante qualunque, dovrà farsi uso della *r* che ha la forma di *d*, raddoppiandone la lunghezza. Esempio 13.

La *s* o *z*, ed il *t*, non hanno bisogno di spiegazione.

REGOLA XII.

Allorchè la doppia consonante *gl* si trova in una parola precedere la vocale *i*, la quale gli fa acquistare un suono liquido (il che accade spesso nel discorso), abbiamo creduto bene di rappresentarla con una linea perpendicolare, curva alla sua sommità. Esempio 14.

REGOLA XIII.

La doppia consonante *gn*, che avanti qualunque vocale ha il suono fluido, viene da noi rappresentata da un' obliqua curva al suo principio. Esempio 15.

REGOLA XIV.

Le desinenze in *one, ione, eone,* e loro simili, si esprimono con una linea orizzontale curva alla sua estremità. Esempio 16.

REGOLA XV.

Quelle in *issimo, issima, issimi, issime,* vengono espresse da un' anellatura all' estremità dell' ultima consonante della parola. Esempio 17.

REGOLA XVI.

Se due consonanti simili si trovano riunite insieme nella stessa parola, non dovrà scriversene che una; ma quando però sono esse separate da una o più vocali, si dovranno allora esprimere ambedue : la maniera di farlo si otterrà col raddoppiare la larghezza degli anelli delle linee anellate, la grandezza dei mezzi circoli, et la lunghezza delle linee rette : si triplicherà la forma del segno se la lettera è tripla; ma il caso è raro. Esempio 18.

REGOLA XVII.

Raccomandiamo allo scrittore di dividere

le parole composte, poichè le troverà più facili a delineare, ed a leggere [1]. Esempio 19. Deve peraltro unire gli articoli e le monosillabe che la pronuncia non separa, come *l' arte, m' intese*, etc.

REGOLA XVIII.

Quando le vocali formano monosillaba, o una delle parole indicate nell' indice, si esprimono collo stesso segno che le rappresenta allorchè sono iniziali, isolandole però in maniera che non possano sembrare appartenere ad alcuna parola. Esempio 20.

REGOLA XIX.

I nomi proprj di persone, divinità, luoghi, fiumi, etc., che non sono abbastanza familiari allo studente, possono scriversi in lettere ordinarie; ma con un poco di pratica si stenografieranno facilmente, avendo cura di terminare con un piccolo tratto orizzontale l' ultima consonante della parola. Esempio 21.

---

1 Ve ne sono però che possono riunirsi in un solo monogramma, come *nonostante, purchè*, e molti altri ancora che lo scrittore saprà distinguere.

Il nomenclatore compreso fra le due colonne dell' alfabeto, sarà di grand' ajuto; ma i principianti non devono aspettare di saperlo a memoria per incominciare a stenografiare. Per evitare nel detto alfabeto una superflua confusione, abbiamo supplito con alcuni *etc.* ai diversi generi e numeri delle parole che gli precedono; essendo persuasi che allo studente sarà ben facile l' intendere, per esempio, che l'*etc.* posto dopo *del*, vuol' indicare i suoi simili, cioè *dello, della, delli, delle;* e così in seguito.

Il modello delle combinazioni (Tavola III), sarà di gran vantaggio, per la facilità che somministra di unire i caratteri tra di loro. Lo studente lo dovrà spesso consultare per evitare un genere di unioni difficile o incomodo, e in conseguenza per non contrarre un abitudine viziosa. La maniera di consultarlo è semplicissima. La sommità e la parte sinistra del quadro presentano ciascuna l' alfabeto che rimanda ai caratteri che si cercano. Supposto, per esempio, che si voglia unire la lettera *b* colla lettera *t*, bisogna cercare il *b* nella colonna orizzontale che forma la sommità della Tavola, discendere fino al quadrato che

Modello

della maniera di unire i caratteri Stenografici

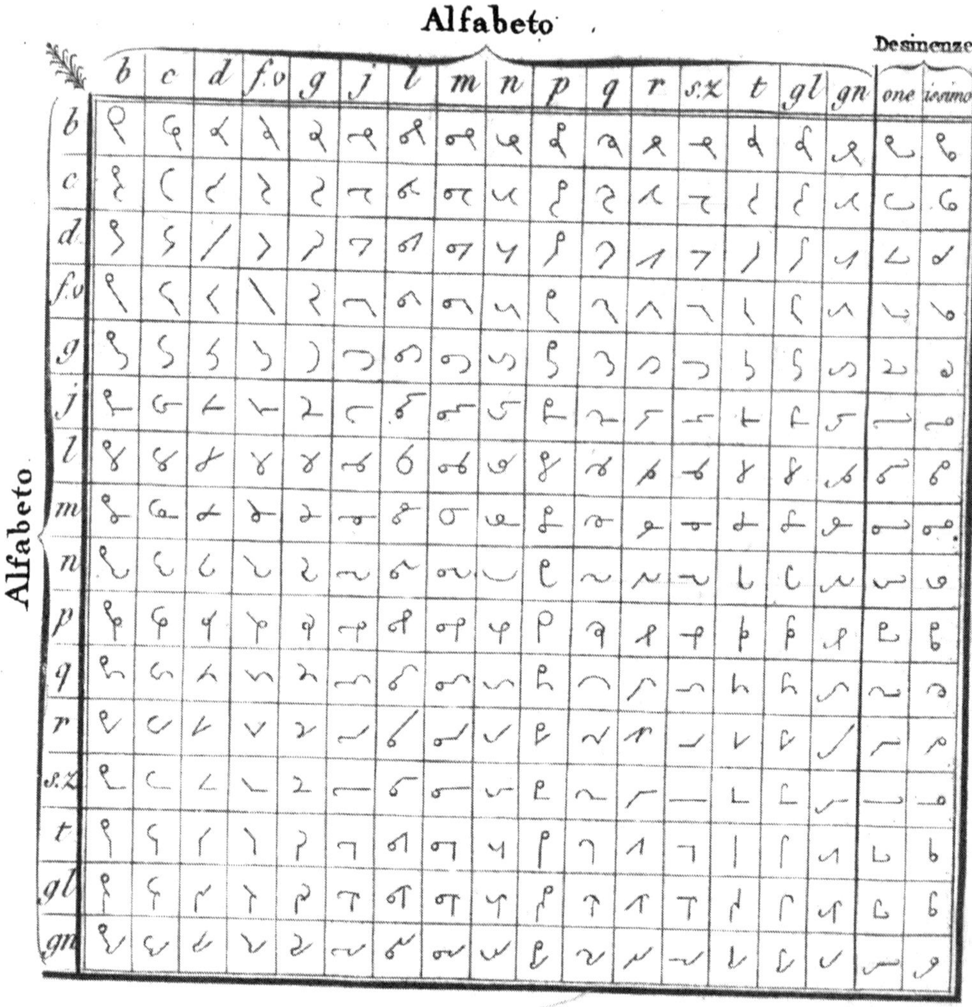

Incis' a Parigi da Dien per conto di E. Amanti.

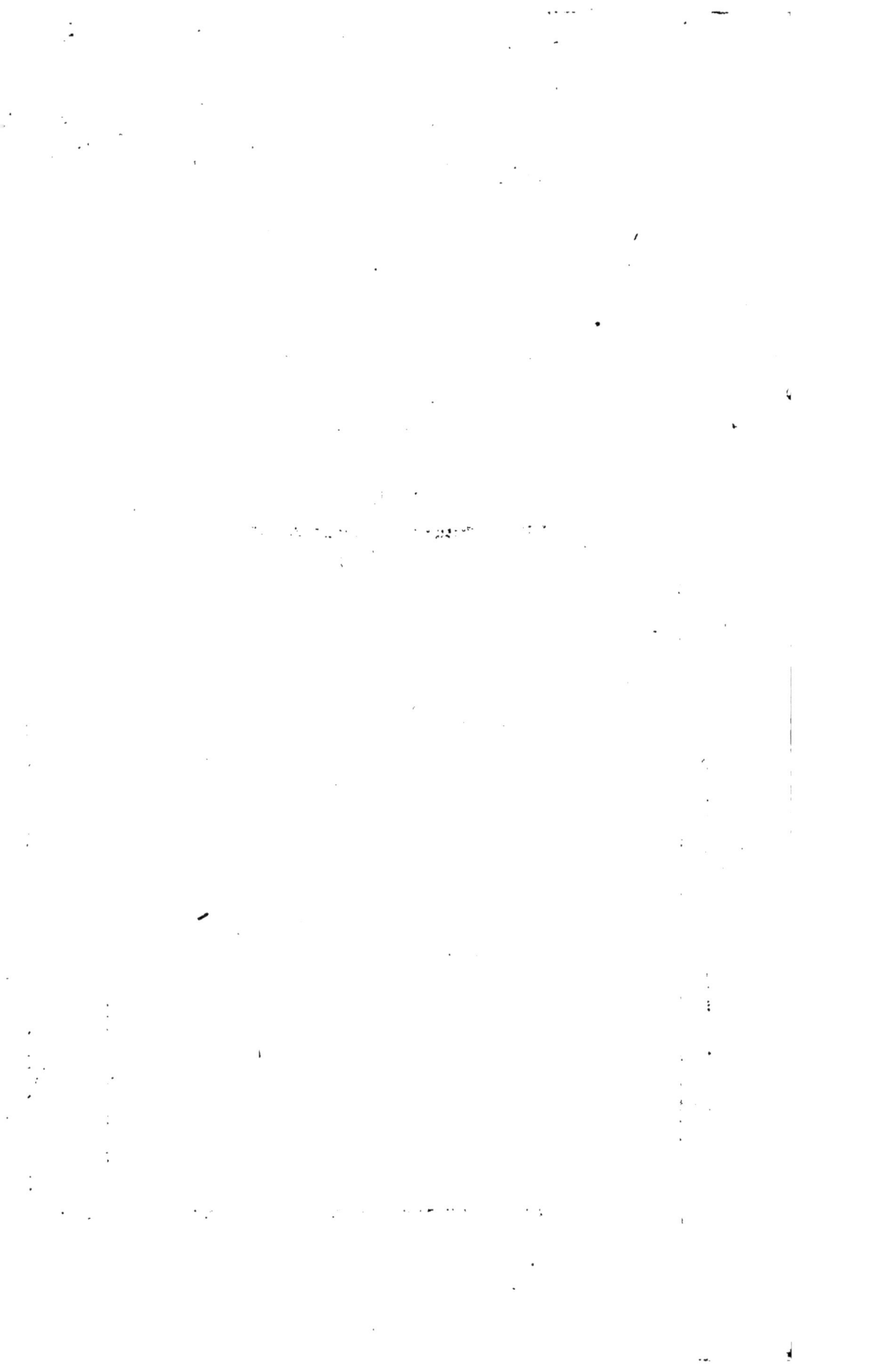

si trova in faccia a quello della prima colonna laterale ove è il *t*, e si otterrà l' esatta unione di questi due caratteri: seguirà lo stesso per gli altri segni. Le ultime due colonne di questa tavola, indicano la maniera di unire le desinenze all' ultima lettera della parola; siccome tali segni non possono trovarsi se non alla fine del monogramma, noi crediamo inutile il fare osservare che in questo caso bisogna consultare il modello all' opposto di quello che si fa per l' unione di tutte le altre lettere: cioè, per esempio, volendo unire la desinenza *one* alla lettera *l*, bisognerà cercare la *l* nella colonna laterale, percorrere fino al quadrato che si trova in quella direzione sotto l' *one*, e si otterrà l' unione ricercata. Egli è impossibile non applaudire all' esatezza che presenta questa specie di Tavola pittagorica, in cui tutte le combinazioni dei caratteri trovansi esattamente riunite, senza che ne risulti la minima confusione, malgrado l' identità apparente di certi segni, e sopratutto del *d* e della *r*, che si esprimono cogli stessi caratteri, ma differentemente uniti. Noi crediamo che è ben difficile portar più lungi di quello che ha fatto Taylor, l' intelligenza e l' applicazione di questo prospetto.

Le Tavole IV e V offrono modelli di scrittura stenografica, interpretata dal tipo ordinario: basterà esaminarli attentamente, o copiarli due o tre volte, per esser persuasi della possibilità d' imitarli in pochissimo tempo.

La Tavola VI è un esempio di stenografia senza trascrizione interlineare, e la cui spiegazione si vede di contro.

La Tavola VII offre un altro esempio di stenografia, nel quale abbiam soppresso le vocali iniziali: quantunque non vi sia alcuna ragione di ometterle, se non nel caso in cui si habia molta fretta, pure è sempre bene assuefarsi ad una tal riduzione; e questa regola sarà tanto utile a praticarsi, quanto lo sono le altre. Nella medesima Tavola abbiamo anche rimpicciolita la forma materiale dei nostri caratteri, per provare ch' essi sono suscettibili di tutte le variazioni ammesse nella scrittura ordinaria, e per far notare nello stesso tempo che quanto più la forma di questi caratteri è minuta, tanto più è espeditiva e facile a delinearsi. Avremmo potuto sopprimer-

Non vi è cosa meno sincera che la maniera di domandare e di dar consigli. Colui che gli domanda sembra che abbia una rispettosa deferenza per i sentimenti del suo amico, sebbene non pensi che a fargli approvare i suoi, e a renderlo garante della sua condotta; e quello che consiglia, corrisponde con un zelo ardente e disinteressato alla confidenza che gli si dimostra, quantunque non cerchi il più delle volte, nei consigli ch' egli dà, che il suo proprio interesse o la sua gloria.

(La Rochefoucauld)
Traduzione dell' autore.

Incis' a Parigi da Dien per conto di E. Amanti

Carlo Maratti, uno dei primi pittori dell'Europa morto al principio del decim'ottavo secolo, fece una stampa rappresentante lo studio del disegno. Un vecchio, che figura il maestro, fa segno col dito ai suoi scolari, i quali sono occupati alla prospettiva, alla geometria e all'esame delle statue antiche. Per la prospettiva, di cui vi sono alcuni abbozzi, si vede scritto: tanto che basti; *per la geometria, vi si vede ancora:* tanto che basti; *ma per ciò che riguarda l'esame delle statue antiche; vi sono queste parole;* mai abbastanza. *Nelle nuvole poi vi sono rappresentate le tre Grazie, con questa bella e giusta iscrizione:* senza di noi ogni fatica e vana. *Ognun conviene che questo disegno è una precisa espressione della verità, ma sembra che non tutti considerano che questa verità è egualmente applicabile ad ogni arte, ad ogni scienza, ed in generale ad ogni cosa che si deve dire, o che si deve fare.*

(Chesterfield)

Traduzione dell' autore.

Incis' a Parigi da Dien per conto di B. Amanti

vi alcune parole, ed anche porzione di frasi; ma siccome è impossibile di stabilire un termine a queste omissioni, dipenderà dalla maggiore o minore sagacità dello scrittore, il far uso di una simile libertà.

Vi sono alcuni abbreviatori, i quali si contentano di scrivere le sole consonanti iniziali; ma siccome, in coerenza dei nostri principj, non bisogna abusare dei soccorsi della memoria, così non si deve adoperar questo mezzo se non nelle sentenze proverbiali, o nelle massime di una grandissima trivialità: per esempio, *è meglio aver l' uovo questa sera che la gallina domattina; tanto va la gatta al lardo che ci lascia lo zampino*, possono esprimersi così; *è meglio a. l. q. s. c. l. g. d; tanto v. l. g. a. l. c. c. l. l. z.*

Le ripetizioni di termini che possono accadere nel discorso, si dovranno indicare, per risparmiar tempo, col tirare una linea sotto le parole ripetute; come *a goccia a goccia, a brano a brano, a poco a poco*, basterà scrivere una sol volta *a goccia, a brano, a poco*, e porvi sotto una linea, per dimostrarne la ripetizione.

Quando una sentenza di tempo in tempo si

presenta di nuovo nel discorso, allora non se ne scrive che una o due parole, e si esprime il resto col segno dell' etc.

Non vi è professione, in cui si debba scriver molto, nella quale uno non si avvezzi ad abbreviare; egli è dunque altresì facile seguire questa regola stenografiando, quanto lo è impiegando i caratteri ordinarj; e allorchè si ha molta fretta, è duopo contentarsi di una scrittura di cui si possa pervenire a sviluppare il concetto. I manoscritti di Gio. Giacomo sono tutti riconoscibili dall' abbreviazione della lettera *h*, usata in vece della parola *homme*. Se una sentenza o una parola familiare può essere espressa da una o due lettere e restare abbastanza intelligibile, non vi è ragione alcuna per scriverne più di quelle di cui si ha rigorosamente bisogno. Noi consigliamo però lo studente di non voler da principio troppo abbreviare, ma di procedere per gradazioni lente; e di fare in maniera che la sua scrittura non sia troppo difficile a leggersi; *nolo nimis facilem, difficilemque nimis*, diceva Marziale.

OSSERVAZIONI GENERALI.

La nostra lingua scrivendosi come si parla, e la stenografia essendo unicamente fondata sulla pronuncia, noi abbiamo un vantaggio considerabile sopra molte altre nazioni, il quale ci facilita non poco lo studio di quest' arte.

Si è da noi creduto inutile l' esprimere le vocali finali, con cui terminano quasi tutte le nostre parole, poichè il senso del discorso venendo retto dai verbi e dagli articoli, questi indicheranno abbastanza il numero ed il genere delle altre parti dell' orazione : le lingue inglese e francese ci somministrano la prova di questa verità, col non distinguere il plurale, la prima, negli addiettivi e nelle due prime persone delle conjugazioni; e la seconda, nei sostantivi ed addiettivi che terminano al singolare con un *x*, come *perdrix*, *heureux* etc.; e la nostra, non men che quella, ha anch' essa molti sostantivi il cui plurale in nulla differisce dal singolare, come *virtù*, *carità*, *bontà*, e tutti quegl' altri che finiscono con una vocale accentata. Siccome però, sebbene molto di rado, alle volte accade che un sostantivo sia suscettibile d' interpretazione, come, per esempio, *Pietro era con sua figlia*, che stenografiato potrebbe egualmente leggersi, *Pietro era con suo figlio*, allora sarà bene per un principiante l' additarlo col segno della vocale, con cui la parola termina; il quale, nel nostro caso, essendo quello dell' *a*, dovrà esso porsi sul carattere della doppia consonante *gl*: si avverta però che al solo sostantivo deve aggiungersi una tale facilità, l' addiettivo venendo sempre da esso diretto; e nel solo caso in cui debba indicarsi il genere femminino o il numero plurale, poichè tutte le volte che potrà esservi luogo ad interpretazione per mancanza d' indicazione di genere o di numero, la parola equivoca dovrà allora leggersi al mascolino ed al singolare. Lo che per altro, come si è detto, succedendo molto di rado, e dissipandosi insensibilmente questa piccola difficoltà coll' acquistare che farà lo studente una certa pratica nella stenografia, non l' abbiamo perciò creduta materia sufficiente da formarne una regola separata e generale.

Vi sono nella nostra lingua alcune parole (molte delle quali di due sillabe), che terminano con una doppia vocale, di cui la penultima si pronuncia con maggior forza, come, per esempio, *fai, mai, reo, neo, via, pazzia, vuoi, puoi, due* etc., che stenografiate colle sole consonanti, potrebbe un principiante confonderle colle monosillabe ed altre parole rappresentate nella stessa guisa; noi lo consigliamo, per facilitarsene la lettura, a volerle distinguere col farle seguire dal segno della vocale su cui cade l' accento tonico, e di non abbandonare questo metodo se non di mano in mano, che per la pratica sarà giunto a non più temerne la confusione: lo avvertiamo però nello stesso tempo, che non deve abusare di questa facilità, ma farne soltanto uso allorchè simili parole fossero soggette ad interpretazione, poichè altrimenti rischierebbe di prenderne l' abitudine, di cui d' altronde si avvedrebbe in seguito dell' inutilità.

Nei sudetti casi in cui per maggior intelligenza dovrà farsi uso, alla fine di alcune parole, dei segni rappresentanti le vocali *e, i, u,* per evitare il dubbio che potrebbe nascere, in una scrittura sì rapida, dalla loro posizione inesatta, se essi appartengono alla parola che li precede o a quella che segue, cioè se figurano finale o iniziale, ovvero soltanto monosillaba, sarà allora bene che lo studente li scriva sotto l' ultima consonante della parola, in vece di porli sulla stessa linea, come viene prescritto nella regola generale riguardante queste lettere.

Mentre riconosciamo un qualche piccolo vantaggio nell' esprimere dagl' Inglesi e dai Francesi, gli articoli *il, lo, la, le,* mediante un punto, consigliato da Taylor, e saviamente adottato da Bertin, noi abbiam creduto di non dover seguire questa regola, primieramente, perchè nella nostra lingua accade spessissimo che l' articolo preceda una parola che principia con una vocale, per cui si trova apostrofato: nel qual caso, in stenografia, dovendo per maggior' speditezza, come si è detto altrove, unirsi a quella stessa parola, ed essendo perciò necessitati servirsi del carattere che esprime la *l,* col quale noi indichiamo i sudetti articoli, si scanza in tal modo l' accordare due segni diversi alla stessa lettera; in secondo luogo, perchè moltissimi nomi esprimenti il soggetto e l' oggetto sono nel nostro idioma retti al plurale dall' articolo *i*, il quale venendo da noi espresso con un punto, esso ci è di un grand' ajuto per distinguere il numero ed il genere della parola che segue : se si volesse fare altrimenti, siam persuasi che ne risulterebbe una confusione capace abbastanza a scoraggire uno studente ne' suoi principj. Egli è d' altronde il segno naturale, con cui il nostro alfabeto stenografico esprime la sola consonante che si trova nei detti articoli; ed il tempo materiale per formarlo essendo quasi eguale al tempo d' un punto, sembra che non debba disprezzarsi un metodo che procura i surriferiti vantaggi.

Avremmo potuto col solo stesso segno della *l*, rappresentare anche le voci *lui* e *lei*, ma preferiamo in vece consigliare ai principianti di far seguire questa lettera dal segno delle vocali *u* ed *e*, per distinguere con più facilità nella lettura la varietà di queste due parole; siamo però nello stesso tempo persuasi, che ben presto la pratica li metterà in istato da poter far di meno di questo soccorso.

Abbiamo creduto altresì sufficiente l' indicare *di*, *del*, *dello*, *della*, *delle*, e *da*, *dal*, *dallo, dalla, dalle,* soltanto col segno del *d,* poichè l' esperienza proverà che il senso del discorso basta per darne la spiegazione; lo stesso diciamo di *a, al, allo, alla, alle,* che vengono da noi espressi col segno dell' *a,* e di *il, lo, la, le,* che rappresentiamo con quello della *l.*

Comincierà lo studente dallo scrivere la prosa familiare; e quindi passo passo quella di Bembo, di Boccacio e degli altri sommi; ed in fine anche i versi: ma quì notisi che il nostro idioma, differente in ciò da molti altri, perchè più ricco in espressioni, ha, se posso dir così, due diverse lingue, una cioè per la prosa, e l'altra per la poesia; e questa, richiedendo una maggiore attenzione per intenderne il significato, non è adattata ad un stenografo principiante, il quale ha bisogno di somma facilità nelle frasi per diciferare ciò che ha scritto. Egli deve altresì stenografiare correttamente prima di leggere, poichè quanto più sarà egli esatto nella scrittura, tanto più facilmente potrà spiegarla. Da principio gli sarà più difficile il leggere che lo scrivere; ma l' attenzione e la perseveranza gli renderanno questi esercizj egualmente familiari.

Quando nel discorso s' incontrano parole per eleganza di stile sincopate, come *quei* per *quelli*, *avea* per *aveva*, *potea* per *poteva* etc., consigliamo lo studente a scriverle senza alcuna sincope, affinchè possa restargliene più intelligibile la lettura.

Del segno indicante le terminazioni in *one*, *eone*, *ione*, e loro simili, se ne deve far uso soltanto allorchè s' incontrano nelle parole, in cui l' *accento tonico* cade sulla vocale *o*. Quando tali desinenze sono precedute da una delle due consonanti *s* e *z*, si dovranno queste allora sopprimere, il segno esprimente le medesime essendo sufficientemente indicato da quello stesso delle sudette finali.

Allorchè lo scrittore si prova per la prima volta a leggere ciò che ha stenografiato, il miglior mezzo è di trasportarlo nella scrittura comune, e quindi compitarlo, dando a ciascuna lettera il suo vero suono; ma dopo un piccolissimo intervallo di tempo, non avrà più bisogno di ricorrere a questa doppia operazione.

Egli è più facile leggere la propria scrittura che quella degli altri, poichè si ha necessariamente un' idea di ciò che abbiamo scritto noi stessi, e perchè la memoria conserva più ciò che maggiormente ha colpito la nostra attenzione; ma la pratica renderà poco sensibile questa differenza.

Non si può ripetere abbastanza allo studente di non lasciarsi punto spaventare dalle difficoltà inseparabili dai principj [1], e di occupare tutti i suoi momenti perduti a formare, bene o male [2], unioni stenografiche : ben presto egli si avvedrà che i suoi progressi sorpasseranno le sue speranze. Prima d' incominciare una cosa difficile, noi la riguardiamo come impossibile; tosto però che l' abbiamo terminata, siamo sorpresi di non averla fatta prima [3]; ed il buon La Fontaine ha detto :

> L'accoutumance ainsi nous rend tout familier;
> Ce qui nous paraissait terrible, singulier,

---

1 *Hæc, dum incipies, gravia sunt, dumque ignores; ubi cognoscis, facilia.* Terenzio il grammatico.

2 . . . . Cum facias rem,
Si possis recte; si non, quocumque modo rem. Oraz.

3 Quest' osservazione può applicarsi anche alle scoperte. Di-

S'apprivoise à notre vue
Quand ce vient à la continue.
De loin, c'est quelque chose; et de près, ce n'est rien.

Allorchè lo studente si crederà in istato da poter raccogliere discorsi pubblici, è bene che da principio si attenga alle sole parti principali, procurando di profittare delle pause dell' oratore per aggiungere alla sua scrittura i segni che la gran fretta lo avrà forzato ad omettere.

Potrebbero impiegarsi il punto e virgola, e i due punti per notar le pause del discorso: ma è meglio indicarle soltanto alla fine

---

fatti, si crederebbe oggi che altrevolte s' impiegavano degli uomini per chiudere l' animella di una tromba quando lo stantuffo l' aveva alzata, e che alcuni ragazzi, distolti dal loro gioco per questa funzione importuna, furono quelli che per la prima volta si avisarono di attaccare una corda allo stantuffo, l' altra estremità della quale fissata all' animella, la richudeva quando lo stantuffo rientrava nel corpo della tromba?

Come ancora concepire che i Greci ed i Romani, i quali erano eccellenti nell' arte d' incidere gli anelli, i sigilli e le medaglie, non abbiano mai avuta l' idea di formare Tavole di rame, e caratteri per la stampa?

Finalmente, gli antichi conoscevano, è vero, la virtù attrattiva della calamita sul ferro, ma soltanto nel XIII. secolo è stata scoperta la sua prerogativa di dare a questo metallo una direzione verso il polo.

delle frasi; e questa indicazione si fa lasciando tra le parole uno spazio maggiore del solito.

Lo studente deve altresì, specialmente nei principj, formare i suoi caratteri in modo che gli anelli siano molto espressi, e non incominciare col voler scrivere troppo rapidamente.

La stenografia offre in generale un corpo di scrittura di una forma piacevole; ma quanto più essa è minuta, tanto maggiormente è grata all' occhio.

I caratteri ch' essa trae dalle forme geometriche più semplici, le danno qualche rapporto con quelli di diverse lingue forestiere : la *l* è russa, la *m* siriaca, la *n* telonga, ed il *p* greco.

Passiamo ora a proporre il nostro parere sugl' istromenti che convengono a questa specie di scrittura. La penna *senza fine* sarebbe certamente la più vantaggiosa; ma è così difficile il trovarne delle buone, che Taylor stesso aveva rinunciato al loro uso, sostituendovi le penne metalliche. Quelle di acciajo e di platina sono commodissime; queste ultime hanno il vantaggio su tutte le altre, in quanto che conservano l' inchiostro lunghissimo tempo, scorrono facilmente sulla carta, e non si lasciano attacare da alcun acido semplice [1]. È bene osservare che in generale le penne di metallo esigono che la carta sia assai liscia, e l' inchiostro molto limpido. Alcuni stenografi consigliano l' uso delle penne di corvo; ma queste si logorano troppo facilmente, e non contengono abbastanza inchiostro per supplire ad una scrittura rapida.

Noi abbiam firmato tutti gli esemplari di quest' opera; ma temendo che una tal precauzione e la protezione della legge non siano un freno sufficiente contro la frode, preveniamo i nostri lettori che questa specie di scritti [2] sono di natura da non poter essere contraffatti: possiamo giudicarlo dall' applicazione e dalla pena che ci siamo dati per la correzione delle Tavole, quantunque fossimo necessariamente molto familiari co' principj ch'

---

1 Le migliori penne di questa specie, trovansi a Parigi, via *Cherchemidi*, n.° 23, dà G. B. Giuseppe Breton, stenografo presso i tribunali.

2 Il falsario ci vede continuamente la sua condanna, sì bene espressa da questo verso del celebre satirico:

Stat contra, dicitque tibi tua pagina: fur es.

esse presentano. Un punto, una virgola trasposti, un carattere più o meno espresso, uno spazio troppo stretto o troppo largo negli esempj citati per convalidare le regole, pongono lo studente in ogni sorta di errore, gli fanno perdere la pazienza, e lo privano per sempre del frutto delle sue fatiche.

RIFLESSIONI

Sulle variazioni fatte al metodo di Taylor e di Bertin.

La pronuncia della lingua italiana, differente non poco dalla inglese e dalla francese, sebbene abbia necessitato cambiamenti nell' applicazione dei segni, essa però non ne ha aumentato il numero; poichè il metodo inglese si serve di venti caratteri alfabetici, un segno iniziale e sei desinenti; il francese fa uso di sedici caratteri, un segno iniziale e nove desinenti; ed il nostro impiega soltanto sedici caratteri, cinque segni iniziali e due desinenti: di maniera che per la lingua inglese sono necessarj ventisette segni, per la francese ventisei, mentre che per la nostra non ne occorrono più di ventitre. E se si vorrà riflettere che, come nelle sudette due lingue, le iniziali si omettono subito che si ha acquistata una certa pratica in questo sistema, senza che una tale omissione produca veruna difficoltà al lettore, si rileverà che noi abbiamo un vantaggio sensibilissimo sopra le due altre lingue.

Questo vantaggio appunto ci ha fatto risolvere a servirci di cinque differenti segni iniziali, esprimenti le cinque vocali, i quali, senza tema che possano aggravar di troppo la memoria dello studente, nè in alcun modo imbarazzarlo ne' suoi principj, gli sollecitano in vece la facilità della lettura, e gli somministrano nello stesso tempo i caratteri necessarj per esprimere le monosillabe composte di sole vocali, che frequentemente s' incontrano nel discorso.

Il nostro idioma, come il francese, ha un mezzo di celerità nell' unione dell' articolo apostrofato ai nomi ed ai verbi : *l' armata, l' ordine, l' idea, l' avere, l' essere* etc., che la lingua italiana non separa, si scrivono coi caratteri stenografici, come se non formassero che una sola parola; l' inglese invece ne forma due distintissime, la qual cosa l' obliga ad allungar non poco la sua scrittura.

Passiamo ora a dimostrare le differenze e conformità ch' esistono nell' applicazione di questo metodo ai tre divers' idiomi, per riunire così in una sol' opera il modello e le imitazioni.

1.° L' alfabeto è lo stesso per le tre lingue, ad eccezione che noi ci serviamo, per il *c* liquido, del segno con cui i Francesi ed Inglesi esprimono il *ch;* per l' *j,* quando fa le funzioni di consonante, di quello con cui i Francesi rappresentano la desinenza in *on,* e gl' Inglesi la *sh;* per la doppia consonante *gl,* quando ha il suono dolce come avanti l' *i,* del segno con cui gl' Inglesi esprimono il loro *th,* ed i Francesi la desinenza in *ou;* e per la doppia consonante *gn,* del segno con cui ambedue rappresentano l' *y.*

Conviene quivi far osservare, che l' aver riunito le doppie consonanti *gl* e *gn,* sotto due soli segni ci ha somministrato un mezzo di celerità e di chiarezza non indifferente per la nostra scrittura; poichè col primo si esprime l' articolo *gli,* ed il pronome *egli,* oltre la differenza che dimostra avere questa doppia consonante d' allor quando ha il suono duro, come avanti tutte le vocali, eccettuato l' *i;* e col secondo, la parola *ogni :* le quali voci s' incontrano spesso nel nostro discorso.

2.° Noi non abbiamo il *w*, la *sh*, il *th*, l' *h*, il *k*, il *ch*, l' *y*, e la *x*, le prime sette adoperate dall' inglese, e le ultime cinque dal francese idioma. Viene dall' inglese espresso il *w* con un semicircolo, simile al nostro *q*, anellato al suo principio; col nostro segno rappresentante l' *j*, l' inglese esprime la *sh*, ed il francese la desinenza in *on;* dall' inglese viene espresso il *th*, e dal francese la desinenza in *ou*, col segno con cui noi rappresentiamo la doppia consonante *gl;* l' *h* è espresso da ambidue con un' obliqua, simile al segno del *d*, anellata alla sua sommità; il *k* si esprime da essi col medesimo segno del *q*, il quale è a noi comune; eglino esprimono il *ch* col segno, di cui noi ci serviamo per indicare il *c* liquido; l' *y*, quando è avverbio e per la parola *yeux*, viene espresso dal francese col nostro segno della doppia consonante *gn;* in tutte le altre occasioni, lo considera come l' *i* ordinario; e la *x* viene dal medesimo indicata con una linea orizzontale, curva al suo principio superiormente.

3.º Il segno di cui noi ci serviamo per indicare la desinenza in *one*, *eone*, *ione*, il metodo inglese ne fa uso per esprimere le sue in *ious*, *eous* e *ius*, ed il francese quelle in *oui*, *hui*, *uis* etc.

4.º Il francese esprime la sua finale in *au*, *aul*, *eau*, *o* etc., con una virgola eccentrica posta sotto l' ultima lettera della parola; quella in *eu*, *eûmes*, *eusse*, *u* etc., con una simile virgola sopra l' ultima lettera della parola; quella in *ai*, *aient*, *êt*, *est* etc., con una virgola rientrante, posta sotto l' ultima lettera della parola; quella in *a*, *as*, *ia*, *oua*, *acs* etc., con una simile virgola sopra l' ultima lettera della parola; e quella in *i*, *is*, *ient* etc., con un punto sotto l' ultima lettera della parola.

5º. Egli indica la sua desinenza in *é*, *oué*, *yés* etc., con un punto sopra l' ultima consonante della parola; e l' inglese si serve di questo segno per la sua finale in *tion*, *sion*, per il cui plurale però fa uso di un accento nello stesso sito.

6.º La finale *ing* viene dal metodo inglese espressa con una virgola vicino all' ultima consonante, ed il suo plurale, collo stesso segno posto sotto la medesima lettera.

7.° Egli esprime le vocali finali *a*, *o*, *u*, con un punto dopo l' ultima consonante: la *e*, e l' *i*, non vi si trovano mai sole.

8.° Le vocali iniziali si esprimono, dal francese e dall' inglese, con un sol punto posto avanti la parola; mentre noi col punto, e colla virgola rientrante o eccentrica, situati ora avanti ora sopra la prima consonante della parola, le distinguiamo tutte.

9.° Il segno per esprimere l' *etc.*, è comune alle tre lingue.

10.° La parola *cioè*, che noi indichiamo col segno del *c* liquido, viene dall' inglese e dal francese espressa con una linea perpendicolare, la cui sommità si unisce all' estremità sinistra di una orizzontale.

11.° Finalmente la congiunzione *and* dell' inglese e *et* del francese, che corrispondono al nostro *e*, *ed*, si esprime dal primo col segno della *n*, e dal secondo con quello del *t*, mentre da noi s' indica sempre con quello della *e*, poichè l' iniziale della parola che segue, fa intendere facilmente come devesi pronunciare.

Termineremo quest' istruzione col far

osservare che i segni delle due sole finali che abbiamo, essendo necessariamente uniti alla parola, rendono il nostro metodo più celere che non sono l' inglese ed il francese.

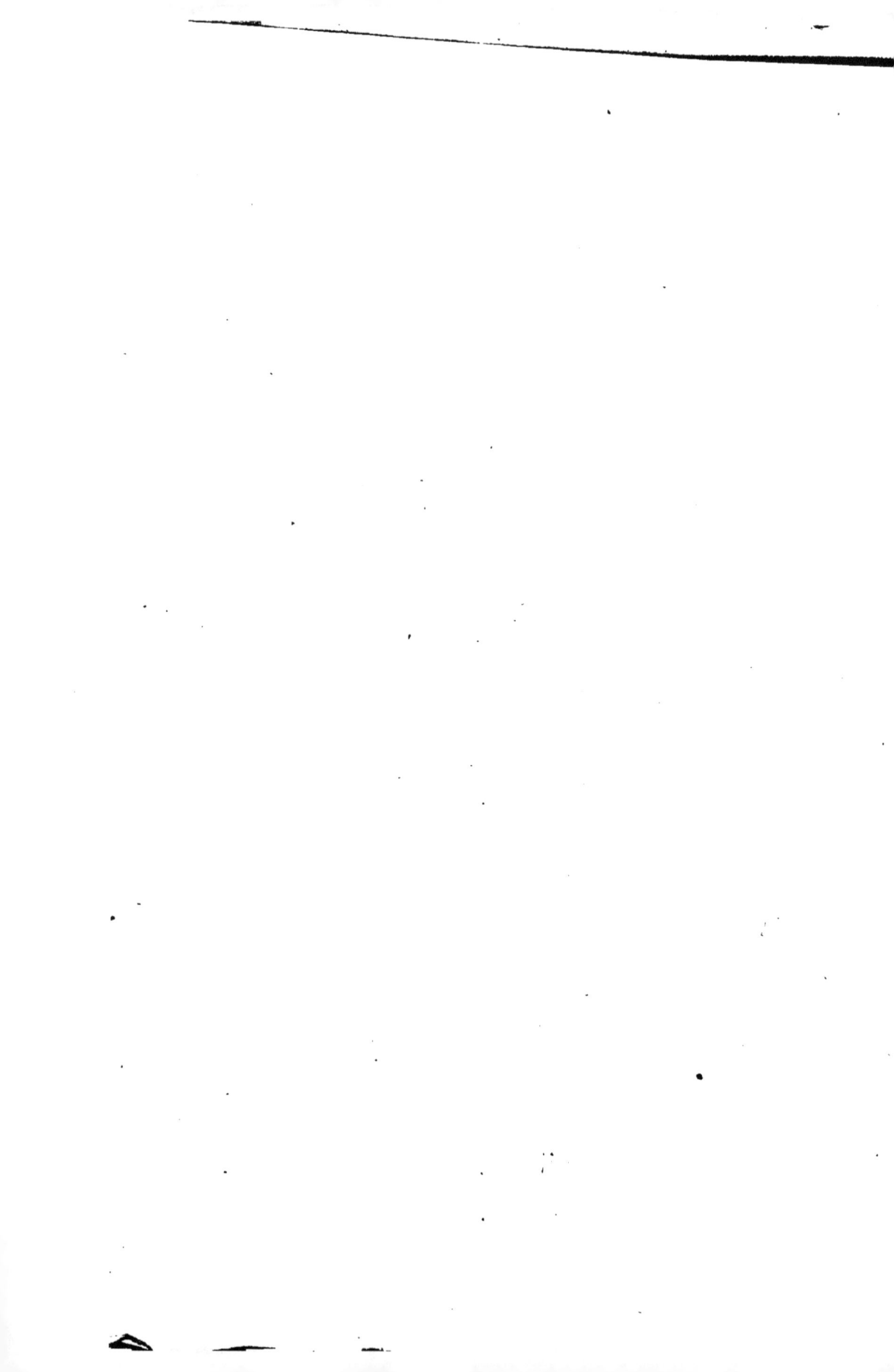

Tavola VI.

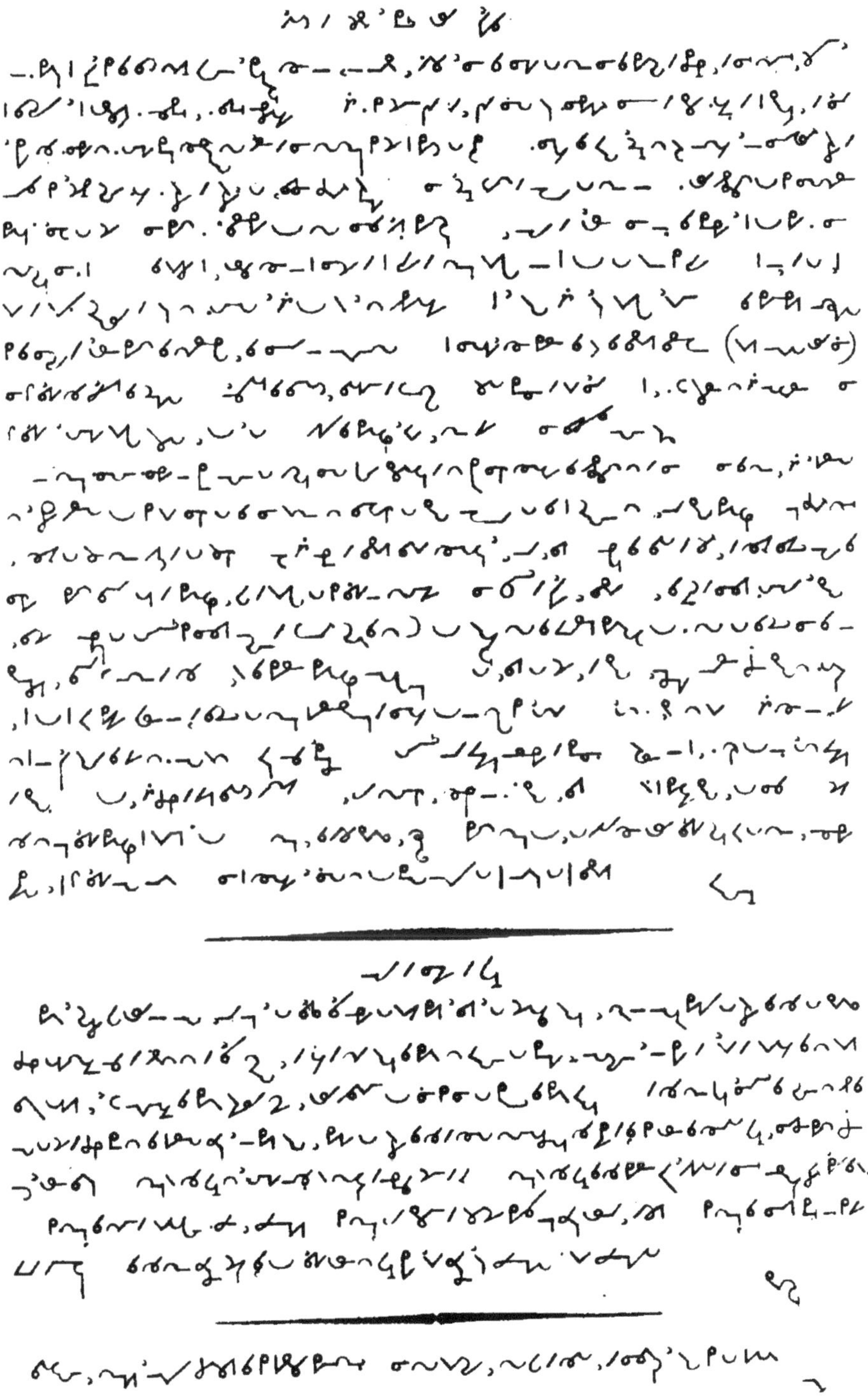

Incise a Parigi da Dien per conto di E. Amanti.

TRADUZIONE

DELLA DI CONTRO TAVOLA VI.

Aringa di Galba a Pisone nell' adottarlo.

Se io privato ti adottassi per la legge curiata dinanzi a' Pontefici, come si usa, sarebbe e orrevole a me il mettere in casa mia la progenie di Pompeo, e di M. Crasso, e glorioso a te l' aggiugnere alla tua nobiltade i Sulpizi e i Lutazi splendori. Ora io per grazia degl' Iddii e degli uomini fatto Imperatore, mosso da' belli indizii di tua bontade, e dall' amore alla patria, quell' Imperio che i nostri passati combattevano con armi, da me conquistato per guerra, ti porgo in pace: imitando il divino Augusto, che fece secondo a se Marcello figliuolo della sorella, poi Agrippa genero, indi i figliuoli della figliuola, in ultimo Tiberio figliastro. Ma Augusto cercò di successore in casa sua; io nella Repubblica, non per mancarmi parenti, o amici in guerra; ma perchè io ho l' Imperio non con male arti procacciato: e segno dell' animo mio sia il posporre a te non pure i miei congiunti, ma i tuoi. Il fratel tuo è nobile come se' tu; maggior di te, degno di questa fortuna, se tu non ne fussi più degno. Tu se' di una età fuori de' furori giovanili: di vita che insino a ora non vi ha che riprendere: tu hai fin' ora avuta fortuna avversa. Le prosperità scuopron più le magagna dell' animo, perchè lo corrompono: e le miserie si soffeIriscono. Tu manterrai come prima la fede, la libertà, l' amicizia (virtù sovrane nell' uomo), ma gli altri con l' adularti le guasteranno. Assalirannoti le lusinghe e l' interesse di ciascheduno: veleno pessimo del vero amore. Tu e io ci favelliamo quì ora sinceramente: ma gli altri alla nostra fortuna favellano, e non a noi. Ritirare il Principe al dovere è cosa dura; ma l' adularlo, senza fatica.

Se questo immenso Imperio si potesse senza una reggente mano tener bilanciato, da chi poteva meglio cominciar la Repubblica che da me? Ma la cosa è ora a termine, che al Popol Romano non può far meglio, nè la mia vecchiezza, che lasciargli un buon successore, nè la tua giovanezza, che esser buon Principe. Sotto Tiberio, Cajo, e Claudio noi fummo quasi retaggio di una famiglia. Siaci ora spezie di libertà l' aver cominciato ad esser eletti. Spente le linee de' Giulj e de' Claudj, l' adozione scerrà 'l migliore; perchè l' esser nato di principe, è dono di fortuna, nè più oltre si considera: ma l' elezione dell' adottare, è libera; e 'l giudizio di molti insegna bene eleggere. Specchiati in Nerone, per molta seguenza di Cesari gonfio, lo cui giogo, non Vindice, con la disarmata provincia, non io, con una legione, ma la sua bestialità e lussuria ci scosse dal collo; e fu il primo Principe sentenziato. Noi eletti in guerra, e da buoni estimatori, saremo ottimi, benchè invidiati: e tu non ti devi perder d' animo, se due legioni in questo trambusto del mondo, non si quietano per ancora. Anch' io ebbi che fare: or come si udirà che tu sii adottato, finirà il dire che io sono vecchio; difetto solo appostomi. Nerone sarà desiderato sempre da' pessimi; facciamo sì, tu e io, ch' egli non sia anche desiderato da' buoni. Non è or tempo da darti lunghi ricordi: e ogni consiglio è compiuto se io ho bene eletto. Vuoi tu proceder bene e non male? Guarda quello che sotto altro Principe tu vorresti, o no: questa è la regola brevissima e capacissima; perchè questo non è un Regno, come nelle altre genti, dove una casa è sempre padrona, e tutti gli altri son servi: ma tu comanderai a uomini che non posson soffrire nè tutta servitù, nè tutta libertà.

DAVANZATI.

Sogno della Madre di Dante.

Pareva alla gentil donna, nel suo sonno, esser sotto a un altissimo alloro, sopra un verde prato, a lato a una grandissima fonte, e quivi si sentiva partorire un figliuolo, lo quale in brevissimo tempo, nutricandosi solo delle orbache che dello alloro cadevano, e dell' onde della chiara fonte, le pareva che divenisse un pastore, e s' ingegnasse a suo potere di avere delle frondi, il cui frutto l' aveva nutrito, e a ciò sforzandosi, le pareva vederlo cadere, e nel rilevarsi, non uomo più, ma un pavone le pareva divenuto. Della qual cosa tanta ammirazione le giunse, che ruppe il sonno, nè guari di tempo passò, che il termine debito al suo parto venne, e partorì un figliuolo, il quale, di comune consentimento col padre di lui, per nome il chiamarono DANTE, e meritamente, perocchè ottimamente seguì al nome l' effetto. Questi fu quel Dante, che a nostri secoli fu conceduto di speziale grazia da Iddio. Questi fu quel Dante, il qual primo doveva al ritorno delle muse sbandite d' Italia aprir la via. Per costui, la chiarezza del fiorentino idioma è dimostrata. Per costui, ogni bellezza di volgar parlare sotto debiti numeri è regolata. Per costui, la morta poesia, si può dir d' essere risuscitata: le quali cose debitamente guardate, lui niun altro nome che DANTE poter avere, debitamente avuto, dimostrano o vero dimostreranno.

BOCCACCIO.

L' innocenza è costretta a sofferire talvolta le più terribili persecuzioni; ma con vergogna e con danno della calunnia e della malvagità, alla fine pur ne trionfa.

SOAVE.

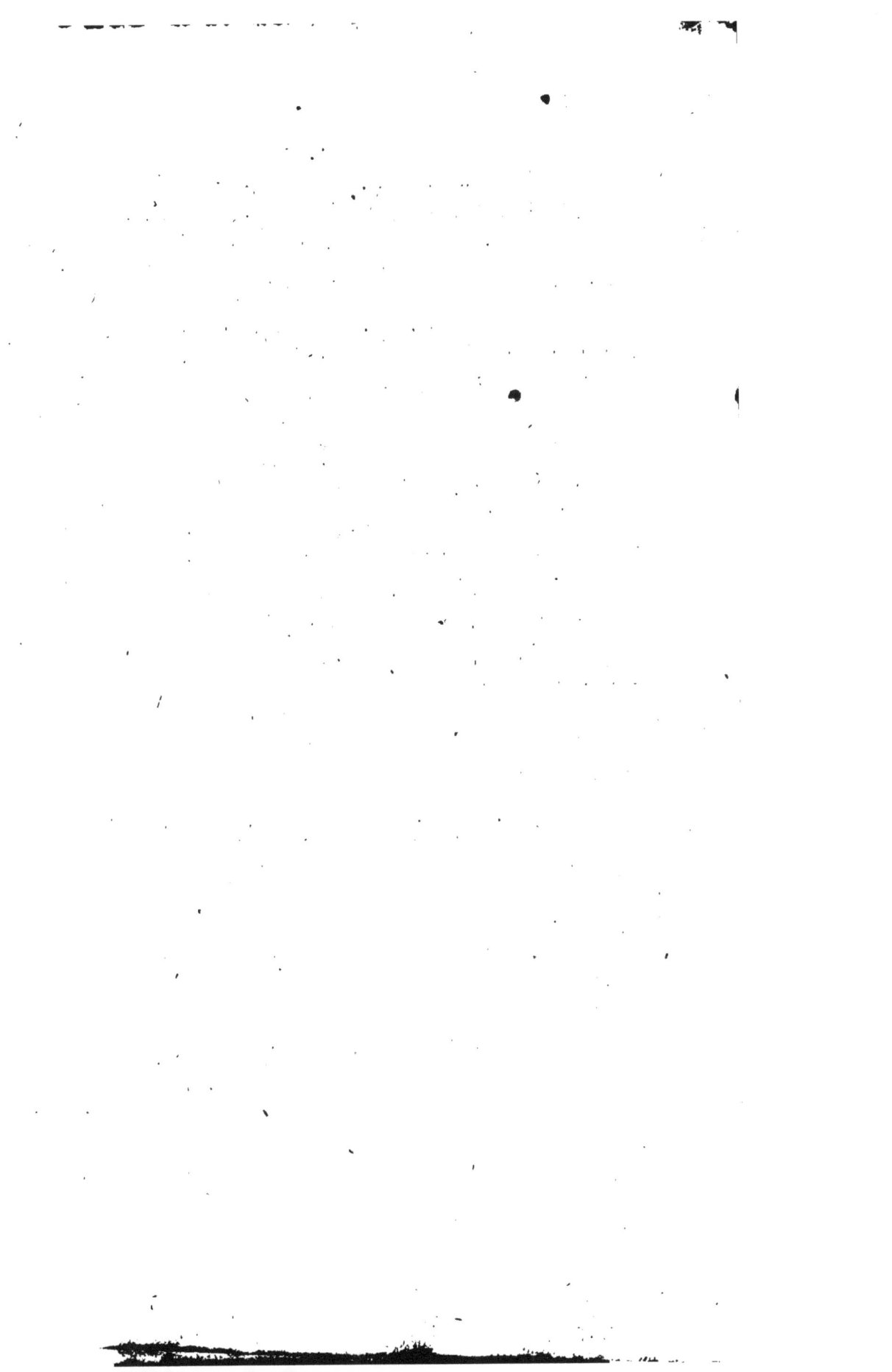

Tavola VII.

Esempio

in cui sono omesse le vocali iniziali

Le Notti Romane al Sepolcro de Scipioni

NOTTE PRIMA. *Pagina 1 e seguenti*

Incis' a Parigi da Dien per conto di E. Amanti

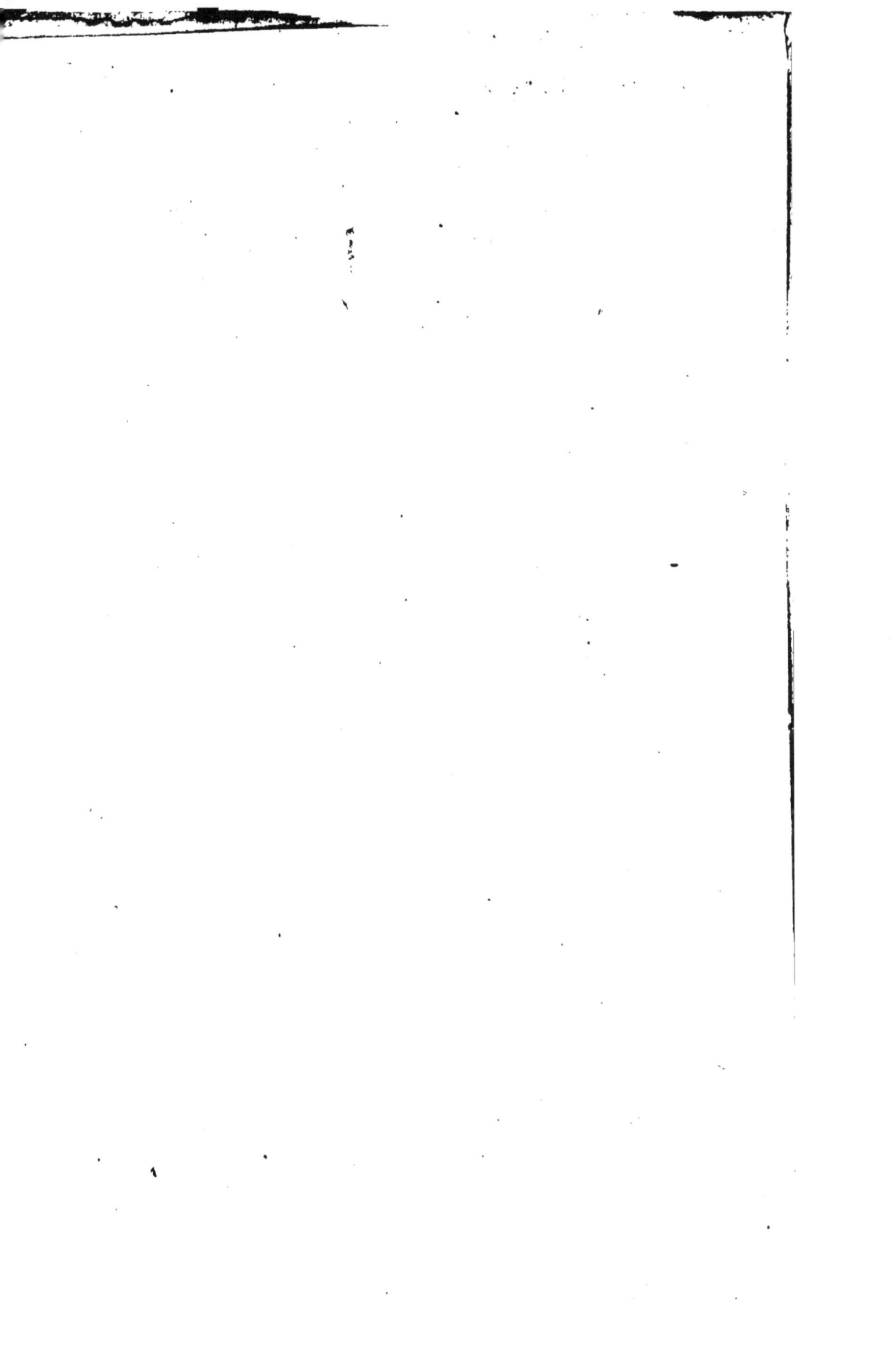

ALFABETO FISIONOMICO

FONDATO SU I PRINCIPJ

DELLA STENOGRAFIA.

Non vi è cosa tanto importante quanto il poter discorrere senza parlare. Una conversazione visibile è un vantaggio prezioso in una infinità di circostanze; e questo taciturno interprete può divenire utilissimo a quei che han bisogno di conversare in mezzo al rumore, o alle estremità di un vasto appartamento, senza interrompere alcuno, e senza essere interrotti. Esso conviene specialmente alle persone che hanno per natura molto deboli gli organi della voce, o che ne sono momentaneamente privi per qualche malatia, e in particolare ai sordi ed ai muti per accidente. Il gesto, meno fugace e meno pronto a svanire della parola, fissa in una maniera più durevole l' impressione delle idee sopra i sensi; e quello di cui noi facciamo uso, riunisce a questa facoltà il vantaggio di concorrere ad imprimere rapidamente nella memoria i caratteri della stenografia per la stretta rassomiglianza che i tratti fisionomici hanno coll' alfabeto del nostro sistema. Noi dunque raccomandiamo caldamente ai seguaci dell' arte tironiana di fare questi due studj contemporaneamente. Conviene del resto osservare che non si deve paragonare questo modo prosopografico con alcuno di quelli che sono stati finora publicati. Gli altri son difettosi in quanto che non sono modellati sopra alcun tipo, perchè esprimono senza soppressioni tutte le lettere dell' alfabeto, e richieggono per conseguenza una quantità di moti troppo grande. Il nostro metodo invece è, per quanto è stato fattibile, l'indicazione pura e semplice delle forme stenografiche trasportate dal nostro alfabeto sul viso, e communicate agli sguardi mediante il dito, come si può vedere dalla seguente Tavola.

LETTERE.		TRATTI FISIONOMICI.
Vocali.	a	Dito al ciglio sinistro.
	e	Dito alla narice sinistra.
	i	Dito alla tempia dritta.
	o	Dito alla tempia sinistra.
	u	Dito alla narice dritta.
Consonanti.	b	Dito posto diagonalmente sotto l' occhio dritto verso il naso.
	c	Dito sulla guancia dritta.
	d	Dito posto diagonalmente sull' estremità dritta della bocca.
	f *e* v	Dito simile sull' estremità sinistra della bocca.
	g	Dito sulla guancia sinistra.
	j	Dito all' estremità della testa.
	l	Dito posto diagonalmente sull' orecchio sinistro.
	m	Dito sulla bocca.
	n	Dito sul labbro inferiore.
	p	Dito sulla fossetta del mento.
	q	Dito sul labbro superiore.
	r	Bocca aperta.
	s *e* z	Dito steso orizzontalmente sull' intervallo delle labbra.
	t	Dito sul naso,
	gl	Dito posto perpendicolarmente sotto l' orecchio dritto.
	gn	Dito in mezzo alle ciglia.
Desinenze.	one	Dito posto orizzontalmente presso l' orecchio sinistro.
	issimo	Dito alla fronte.

Nome d' uomo. Mano aperta.
Fine di parola. Dito chiuso.
Fine di frase. Mano chiusa.
Numerazione stenografica. Uso del pollice in vece dell' indice.

Si fa uso di due dita alla volta per esprimere una lettera che si ripete.

Volendo far più presto, si può ancora far uso di due dita alla volta, convenendo però preventivamente che il pollice è la prima lettera, e l' indice la seconda.

Vi è anche un' altro mezzo di cui si può far uso con felice successo, e che anzi è più espeditivo, cioè quello di fendere l' aria col dito, e di delinearvi dalla dritta alla sinistra i caratteri della stenografia. Questo mezzo è preferibile all' altro in molti casi, ma non può servire nelle circostanze che richieggono mistero, nè nei luoghi ove si trova troppa gente.

Siccome quest' alfabeto potrebbe non sembrar degno dell' attenzione di tutti i nostri lettori, noi gl' invitiamo a non disprezzarne lo studio se non dopo essersi ricordati questo verso di De la Fontaine:

Il n'est rien d'inutile aux personnes de sens.

Gli pregheremo quindi di giudicarlo dagli effetti, persuasi che riconosceranno la saviezza del principio nell' utilità delle sue conseguenze.

Indice
di Adversaria o raccolta Letteraria secondo il metodo di Locke

A	a			a	C
	e			e	
	i			i	
	o			o	
	u			u	
B	a			a	D
	e			e	
	i			i	
	o			o	
	u			u	

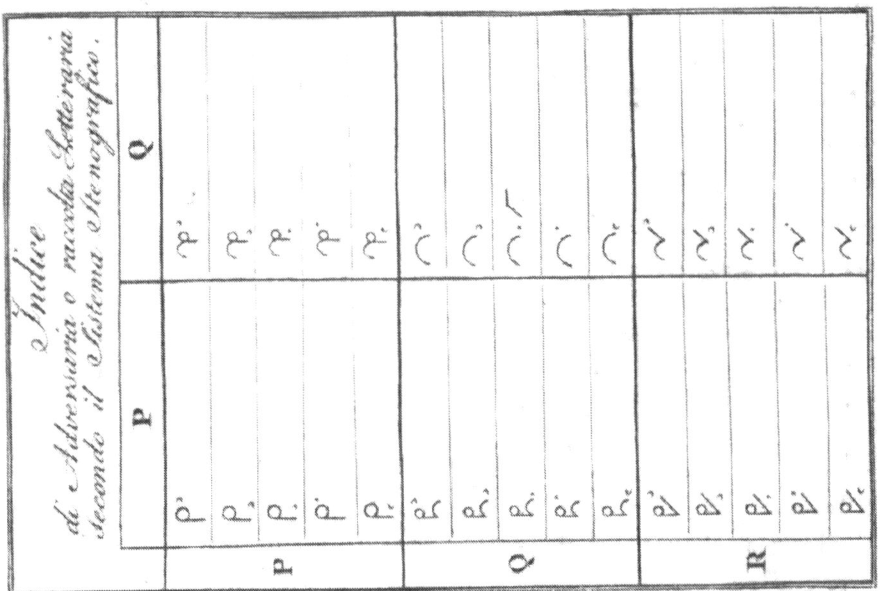

Numerazione Stenografica.

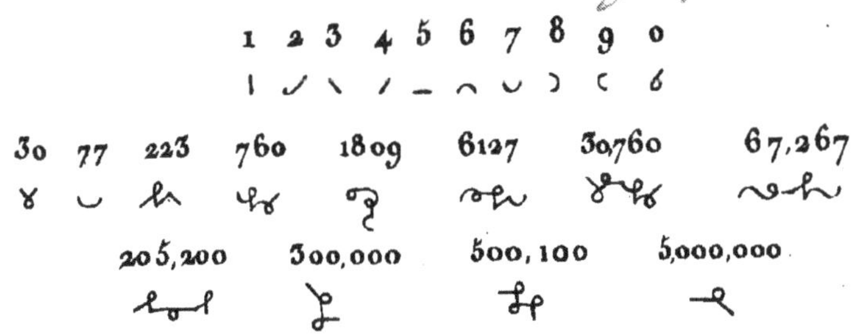

Incis a Parigi da Dien per conto di E. Amanti.

NUMERAZIONE

STENOGRAFICA.

I numeri ordinarj sono essi stessi una stenografia, come altrove abbiamo avuto occasione di dire; ma non godono però di tutta la facoltà abbreviatrice di cui sono suscettibili. Quest' impotenza procede dalla complicazione delle loro forme e dalla mancanza di unione tra loro. Per rimediare a quest' inconveniente, noi diamo nella nostra stenografia gli stessi caratteri ai segni numerici che a quelli dell' alfabeto, colla differenza però che per distinguerli, si taglia il principio della ciffra che deve indicar la somma, con una piccola linea orizzontale, simile a quella di cui ci serviamo per denotare i nomi proprj; e quest' identità di caratteri, fondata sul ragionamento e sull' esempio degli Eberi, dei Greci, e dei popoli orientali, che dà la possibilità di combinare i numeri, offre indubitati vantaggi.

Senza la numerazione stenografica, perfezionata come l' è al presente, sarebbe impossible il raccogliere un discorso pieno di calcoli, una difesa legale, per esempio, in un' affare di commercio o di contabilità.

La pratica ha fatto conoscere che, in certe circostanze, il sistema di rappresentare ciascun numero con un segno stenografico, era insufficiente. Infatti se si detta ad uno scrittore ordinario una somma composta di molti numeri, nella quale vi siano spezialmente diversi zeri intercalari, come questa 500,100, e ch' egli non abbia molta pratica del calcolo, difficilmente potrà al momento far uso della cifra e della posizione dei numeri proprj ad esprimere la sudetta quantità. La difficoltà sarà ancora più sensibile per lo stenografo, il quale, in conseguenza dei nostri principj, sarebbe obbligato di figurare un doppio zero dopo il 5, e un altro dopo l' 1. Si è perciò prevenuto quest' inconveniente con un mezzo semplicissimo. È bastato l' imaginare tre segni di più : uno, che è il *p* stenografico, per esprimere il numero 100; l' altro, che è la *m* stenografica, per indicare 1000; ed il terzo, che è il *b* stenografico, per rappresentare il millione. Da questo perfezionamento risulta che si scrivono i numeri parziali a misura che si sentono pronunciare, fatt' astrazione del loro rango decimale : così la somma che abbiamo citata si scriverà con questo metodo, mediante quattro lettere stenografiche : *s, p, m, p.*

In conseguenza, per esprimere il numero 500,000, basteranno tre soli caratteri *f, p, m,* e due soltanto, cioè *s* e *b,* per rappresentare 5,000,000, come si vede nella Tavola VIII, e così in seguito. Questo metodo è sembrato più espeditivo e più sicuro di quello che, nelle prime edizioni della sua stenografia, Bertin faceva consistere nell' indicare tutti i zeri con un egual numero di punti, per cui bisognava staccare dalla carta diverse volte la penna, ed ove poteva anche la mano errare nella sua operazione.

Un altro cambiamento fatto alla numerazione stenografica, è egualmente importante per la rapidità della scrittura. Viene in essa espresso il numero 2 col carattere della doppia consonante *gn;* quando questo è solo, è indispensabile l' indicarlo in tal guisa, per non confonderlo col 4 : ma allorchè si truova unito ad altri numeri, non vi è ragione che non si possa sopprimere la curva, e formarlo assolutamente simile alla *r* stenografica, salendo dalla sinistra alla dritta. Vedete nella medesima Tavola VIII i diversi esempj delle somme, in cui si truova questo numero.

TAVOLE DI ADVERSARIA

O SIA

RACCOLTA LETTERARIA.

> Adversaria in judicium protulit nemo;
> Codicem, protulit, tabulas recitavit.
>
> Cic. *pro Quinto Roscio*, 46.

Noi ci limiteremo a quel che abbiamo di già detto sull' utilità degl' Indici al principio di quest' opera, ed incominceremo dal dimostrare l' uso del modello che ci ha dato Locke, che fra tutti i dotti ha saputo mettere maggior ordine e miglior disposizione nelle sue idee.

INDICE DI LOCKE.

Si prende un libro di carta bianca, di cui si dividono col lapis le due prime pagine, che si truovano una contro l' altra, in ventidue linee eguali, cioè in tanti spazj quante sono le lettere dell' alfabeto, dedotto il *k* e l' *y*, alle quali si sustituiscono il *c* e l' *i.* Quindi si tagliano perpendicolarmente con altre linee d' inchiostro, che si tirano dall' alto al basso, come si vede alla Tavola VIII. Si segna pure d' inchiostro ogni quinta linea orizzontale delle ventidue di cui abbiam parlato; ed in mezzo a questi cinque spazj, si mette una delle ventidue lettere, e un poco più avanti una delle cinque vocali nel loro ordine naturale. Tale è l' Indice di tutto il Repertorio, per quanto esser possa voluminoso; se pure non se ne voglian formare due, per le due parti alle quali tutte le nostre cognizioni si riportano, la morale cioè, e la fisica.

Fatto così l' Indice, si distingue nelle altre pagine del Repertorio il margine, mediante una linea di lapis, il quale si fa della larghezza di un pollice per un libro in foglio, che è il formato più comodo per queste *adversaria.*

Questa suddivisione dei ventidue spazj in cinque linee ciascuno, somministra più di cento titoli, sotto i quali si pone tutto ciò che si vuole inserire nel Repertorio, osservando di formare questi titoli delle parole più importanti e più essenziali alla materia di cui si tratta; quindi si nota sull' Indice il numero della pagina, in cui ogni titolo è inserito nel Repertorio, nello spazio che presenta la prima consonante e la prima vocale della parola che l' ha somministrato. Da queste due lettere caratteristiche dipende tutta l'utilità della Tavola.

Se dunque si è portato qualche concetto relativo alla parola *bellezza*, bisogna registrare il numero della pagina in cui si truova, nello spazio che offre B *e*, cioè al secondo della lettera B. Se si è notato un passo sulla parola *dramma*; s' indica sull' Indice al quadrato D *a*, cioè al primo spazio della lettera D, e così in seguito.

Notisi che quando una parola comincia da vocale, questa lettera è caratteristica come una consonante : così il titolo *amore* sarà annunciato al quadrato A *o*. La vocale ha, oltre di ciò, la proprietà di raddoppiare la sua potenza quando si truova sola nella parola ed è iniziale : ma ciò difficilmente accade nella lingua italiana.

Conviene far bene attenzione che in margine del Repertorio non vi siano registrati se non i soli titoli, affinchè possano scorgersi alla prima occhiata; e quando una pagina è intieramente piena di quei che convengono alla sua classe, si fa uso della seguente, mettendo in fondo della precedente un V, che vuol dire *Verte*. Se la pagina seguente è occupata, si trasporta il titolo alla prima pagina che si truova in bianco, notando anche il numero dell' ultima ch' è stata riempita. Mediante questi numeri che s' indicano l' un l' altro, e di cui il primo è alla fine di una pagina, ed il secondo al principio di un' altra, si legge la materia che n' è separata come se nulla vi fosse frammezzo; poichè, mediante questa reciproca indicazione di numeri, si voltano, come un sol foglio, tutti quelli che sono intermedj, nella stessa maniera che se fossero incollati.

Bisogna altresì fare attenzione, quando si mette un numero d' indicazione in fondo di una pagina, di riportarlo anche sull' indice; ma se non vi si deve rappresentare che la lettera V, *verte*, non si fa alcun cambiamento alla Tavola.

La ragion per cui s' incomincia dal registrare i titoli in cima della pagina, e che si destinano ad una sola classe le due pagine che sono l' una contro l' altra, piuttosto che un foglio intiero, è affinchè i titoli di una tal classe si vedano in un colpo d' occhio, senza che vi sia bisogno di voltare il foglio.

L' autore raccomanda inoltre, ogni volta che si vuol notare il sito di uno scrittore celebre di cui si vuol' estrarre qualche cosa, di tener registro del suo nome, del titolo dell' opera, dell' epoca e del luogo dell' edizione, e particolarmente del numero delle pagine che contiene il libro.

Questo modello d' indice essendo stato inventato da Locke, ed essendo altresì una delle sorgenti delle produzioni di questo grand' uomo, non dà luogo ad alcuna critica: ma confronti il lettore, col metodo del prelodato autore, il seguente da noi proposto, e scelga a suo grado.

INDICE STENOGRAFICO.

Quest' Indice è puramente e semplicemente la Tavola del modello delle combinazioni dei caratteri stenografici, di cui ogni quadrato è diviso in cinque linee che presentano i cinque segni delle vocali iniziali *a, e, i, o, u*. Mediante questa suddivisione, l' Indice, il quale deve comprendere otto pagine *in foglio*, somministra 1125 spazj. Questi spazj a ragione della varietà dei titoli che ciascuno può offrire, contengono almeno 5000 sostantivi, che sono le sole parole di cui si possa far uso nella formazione dei titoli. Si osserverà a questo proposito che fa duopo porre sotto gli stessi titoli le voci sinonime, come *sposo* e *marito*, *nave* e *vascello*, *faccia* e *viso*, etc.

Le regole da osservarsi per far uso di quest' Indice, il quale è fondato sulla ortografia stenografica, sono le seguenti.

1.° Le pagine del Repertorio non sono numerate; gli articoli o titoli soli lo sono con numeri stenografici.

2.° Le vocali che seguono la prima consonante delle polisillabe stenografiche non si considerano punto, come neppure le loro iniziali.

3.° La vocale che nelle sudette polisillabe segue immediatamente la seconda consonante della parola, è quella che fa conoscere il vero spazio sull' Indice, in cui devono essere indicate: così il titolo *dibattimento* si porterà al primo spazio del quadrato DB; quello di *prudenza*, al quinto di

PR; e quello di *rivalità*, al primo di RV.

4.° Allorchè in una parola non si truova se non una sola consonante, questa viene allora raddoppiata, e s' indica nel suo quadrato allo spazio della vocale che la segue : come *ode* si porterà al secondo spazio del quadrato DD.

5.° Finalmente, allorchè un titolo, dopo esser stato portato sull' indice, si presenta di nuovo, come nel caso che ora citeremo, ed in cui supponiamo che sia *Chiacchierone*, e che questo titolo si truovi ai numeri 25, 50, 60 e 75 della Raccolta, conviene allora portare il primo di questi numeri all' Indice; registrare sul Repertorio, al numero 25, quello di 50; al numero 50, quelli di 25 e 60; al numero 60, quelli di 50 e 75; e al numero 75, quello di 60. Mediante questa scala discendente ed ascendente di numeri di richiamo, sarà facile il procurarsi tutto ciò che sul Repertorio appartiene al medesimo titolo. Dovrà però mettersi il numero dell' articolo al di sopra del titolo, e quello della chiamata al di sotto. Quest' indicazione apparirà più sensibilmente nell' esempio seguente, che offre il sudetto titolo del Repertorio portato sulla porzione della settima pagina dell' Indice, nella Tavola VIII, al terzo spazio del quadrato QQ, che è la lettera col cui segno si esprime nel nostro sistema stenografico il *ch.*

25

Chiacchierone. Che una donna parlando si distingua,
50 E tratti anche una causa senza lingua,
Non ci ho difficoltà;
Ma che la lingua avendo,
Possa starsi tacendo,
Nol credo in verità.

RONCALLI, Epigrammi, *pag.* 4, *ediz. de Venezia*, 1802, 152 *pag.*

50

Chiacchierone. « Brantôme dit que, du temps de
25 60 François I.er, une jeune personne ayant un amant babillard, lui imposa un silence absolu et illimité, qu'il garda si fidèlement deux ans entiers, qu'on le crut devenu muet par la maladie. Un jour, en pleine assemblée, sa maîtresse, qui, dans ces temps où l'amour se faisoit avec mystère, n'étoit point connue pour telle, se vanta de le guérir sur-le-champ, et le fit par le seul mot *parlez.* N'y a-t-il pas quelque chose de grand, d'héroïque, dans cet amour-

là? Qu'eût fait de plus la philosophie de Pythagore avec tout son faste? Quelle femme aujourd'hui pourroit compter sur un pareil silence un seul jour; dût-elle le payer de tout le prix qu'elle peut y mettre? »

GIO: GIACOMO, Émile, *vol.* 2, *fol.* 307, *ediz. in*-8. *de Neufchâtel*, 1775, 428 *pag.*

60
Chiacchierone. . . . . Loquaces,
50 75 Si sapiat, vitet, simul atque adoleverit ætas.

ORAZ. *Sat.* lib. 1, sat. 9, v. 33.

75
Chiacchierone. The coxcomb bird so talkative and grave,
60 That from his cage cries cuckold, whore and knave,
Though many a passenger he rightly call,
You hold him no philosopher at all.

POPE, *Moral Essays*, v. 5.

Preveniamo il lettore che poco importa in qual lingua i titoli sono portati in margine del Repertorio, purchè tutti lo siano nello stesso idioma.

Sebbene il lettore avrà trovato nel corso di quest' opera tutto ciò che il ragionamento, sostenuto dall' esperienza, può offrire di più conchiudente in favore dello studio della stenografia; siccome però la logica più convincente e le prove più moltiplicate dei servizj resi da quest' arte, a cui la Francia deve oggi la raccolta e la pubblicità di più di mille aringhe legali, non possono mai bilanciare nell' opinione il giudizio delle persone solite ad attirare i suffragj del pubblico: noi la termineremo col porgli sotto gli occhi la traduzione delle testimonianze che alcuni Giurisconsulti di primo rango presso quel foro, ed un sapiente, le cui cognizioni eguagliano la sua umanità, si compiacquero far pervenire, cinque anni sono, all' autore della stenografia francese.

LETTERA

Del signor Delamalle, *giurisconsulto.*

Signore,

Vi prego a scusarmi se vi ho fatto troppo aspettare l' attestato che da me desiderate sull' utilità e la perfezione dell' arte della stenografia, che voi avete fra noi naturalizzata : io non posso se non unirmi a quei miei confratelli, i quali vi hanno di già dato il loro. Il metodo che segue e trasmette in tal guisa la parola più rapida, è nello stesso tempo curioso ed utile : lo è specialmente al foro, ove somministra all' istante la controprova dei discorsi improvvisati, che non si ritroverebbero più dopo averli pronunciati. Esso è utile all' arte oratoria, perchè ripete i difetti egualmente che i fervidi movimenti d' affetto, manifesta lo sviluppo del talento nei discorsi improvvisi, e presenta a ciascuno il suo ritratto, qualche volta troppo fedele.

Gradite, signore, l' attestato della perfetta considerazione del

Vostro concittadino,

Delamalle.

LETTERA

Del signor Bellart, *giuriconsulto.*

Per ispirito di giustizia, signore, più che per desiderio di farvi cosa grata, io sarò sempre pronto a certificare che, per l' uso fattone, ho trovato la stenografia di una rara esattezza. L' ho desiderata qualche volta a mio riguardo meno fedele: ma mio e non suo era il difetto. Nulladimeno considero questa invenzione, specialmente come l' avete voi perfezionata, molto preziosa per l' arte oratoria, di cui conserverà i monumenti, che senza di essa si perdono spesso nell' obblio. Se fosse prima esistita, non avremmo ora da deplorare tante perdite, e possederemmo molti modelli, di cui la tradizione ci ha trasmesso la memoria, solo per rendercene più sensibile la mancanza. In vece di pochi abbozzi quasi cancellati dell' immortale *Cochin*, in vece del nulla in cui è entrato il nostro maestro *Gerbier*, in vece di quei sterili ricordi che ha lasciato dopo di se il maraviglioso e modesto *d'Ambray*, noi avremmo intiere tutte quelle eloquenti *azioni*, proprie tanto a conservare il gusto del bello: noi vi troveremmo senza dubbio qualche imperfezione di stile, accidente inevitabile nelle composizioni improvvise; ma quanto sarebbero esse compensate da quelle luminose ispirazioni, da quei movimenti affettuosi, e da quell' azione sì giusta e sì animata che può solo produrre il caldo dell' improvvisare, e di cui non si può più, ad animo riposato, e per uno sforzo di memoria, ritrovare in seguito che l' incirca, o piuttosto, se quest' espressione è permessa, il cadavere! La vostr' opera, signore, ha dunque, io credo, reso un grandissimo servizio al foro egualmente che alla tribuna: io mi compiaccio di darvene la testimonianza, e desidererò darvi sempre pruove della considerazione che vi professo.

BELLART.

LETTERA

Del signor BLAQUE, *giurisconsulto.*

SIGNORE,

Voi mi domandate una testimonianza dell' opinione che ho formata sull' arte della stenografia: di già, signore, io ebbi occasione di manifestarla pubblicamente in un' aringa legale, di cui voi avete riportato un passo, e nella quale resi all' utilità di questa scoperta l' omaggio dovutole, senza conoscerne neppure l' autore (1).

---

(1) *Vedete* il Giornale di Parigi del 5 fruttidoro anno X.
(Nota dell' editore).

Ma poichè desiderate che vi sviluppi il mio pensiero dichiaro con franchezza che la stenografia mi ha fatt provare rincrescimenti vivissimi, e deliziosissimi piaceri.

Rincrescimenti, per non essere stata conosciuta o almeno praticata, nei tempi tanto da noi remoti, in cui i *Gerbier*, i *Caillard*, i *Debonniere*, gli *Hardouin*, facevano l' ornamento del foro ch' essi alternativamente riempivano di maraviglia colla loro eloquenza, di cui non hanno disgraziatamente lasciato altro che l' affligente rimembranza.

Deliziosi piaceri, perchè ogni giorno, dopo la scoperta o il rinascimento della vostr' arte, posso godere del doppio vantaggio di sentire ed ammirare gli oratori di cui va orgoglioso il foro moderno, e di rinnovare le grate sensazioni ch' eglino mi hanno fatto provare all' udienza, leggendo, nel silenzio del mio gabinetto, quelle dotte aringhe, di cui mi è permesso gustarne minutamente le bellezze, e la cui ammirabile composizione aveva, alcuni giorni prima, eccitato il mio entusiasmo. L' ho detto spesse volte in particolare, e non saprei abbastanza ripeterlo in pubblico, l' arte della stenografia mi sembra riunire tanti vantaggi, che fo sinceramente voti perchè essa entri essenzialmente nell' educazione della gioventù.

La stenografia ha il privilegio di concentrare le inesauribili ricchezze dell' eloquenza, fissarne i veri principj, mediante la fedele tradizione dei pensieri (senza d' essa troppo fuggitivi) degli oratori più distinti, che il lor gusto o le loro grandissime occupazioni alienano dal trasmetterli mediante la stampa.

La stenografia, per la sua esattezza, incoraggisce il vero talento; ma abbatte nello stesso tempo l' orgoglio e la mediocrità: essa è la ricompensa dell' uno, poichè è diretta a fargli acquistare la stima ed il favor del pubblico; è la disperazione degli altri, perchè pubblica rende la loro nullità. Guai a colui che vorrà troppo presumere, e non valutare i risultati che deve personalmente aspettarne! I lettori ne faranno presto giustizia.

Ecco, signore, ciò che io penso della vostr' arte, e l' omaggio che mi compiaccio di renderle. Permettete che vi unisca la testimonianza della mia stima particolare verso il suo autore, e dei sentimenti coi quali ho l' onore di essere,

Vostro concittadino,

BLAQUE.

FRAMMENTO

Di una lettera del signor abate SICARD, *direttore dell' Istituto dei Sordi e Muti di nascita.*

. . . .

MASSIEU vi dimostrerà la sua riconoscenza coll' apprendere il vostro sistema, e convincendo gl' increduli de' suoi vantaggi e della sua estrema facilità. Voi siete il *Newton* di quest' arte : io mi propongo di pubblicarlo verbalmente e per iscritto.

Gradite l' omaggio della mia stima e del mio ossequio.

SICARD.

LETTERA

Del signor Bonnet, *giurisconsulto.*

Voi desiderate, signore, di avere la testimonianza dell' espressione esatta, de' miei sentimenti sull' arte della stenografia; ed io con sincera soddisfazione vi rispondo, che la credo bellissima ed utilissima, che non si può ammirare abbastanza, e della quale tutti gli amici dell' eloquenza e delle scienze dovrebbero continuamente benedirne l' invenzione, ed incoraggirne i progressi. La sola idea che un oratore, dopo essersi abbandonato per più ore, e colla maggior volubilità, a tutti gli slanci della sua anima, all' ispirazione rapida ed improvvisa della sua imaginazione; dopo aver percosso l' aria in un modo apparentemente fuggitivo, con una successione d' idee nate le une dalle altre, con una folla di luminosi pensieri, e di movimenti d' affetto attraenti, che il solo ardore di una facilità di pronuncia senza soggezione può produrre, e che nè gli sforzi della memoria, nè la lenta e fredda trascrizione nel gabinetto, possono sospendere; la sola idea, dico, che un tal oratore, e quei che l' hanno inteso ed ammirato, potranno ritrovare colla più maravigliosa esattezza, rappresentata sulla carta, quella folla di affetti e di pensieri, eccita da principio l' incredulità, e quindi la maraviglia e la riconoscenza. Tal' è, senza esagerazione, il risultato dell' arte che voi avete perfezionata. Io ne ho spesso fatto uso, ed ho sempre ammirata la fedeltà colla quale un discorso di due o tre ore era stato raccolto in modo che non se ne fosse perduta una sola parola. Questa stessa fedeltà, non lo nascondo, non è stata sempre atta ad ispirarmi orgoglio; ma bisognerebbe piuttosto contare un tal risultato fra i benefizj, che fra gl' inconvenienti della scienza.

Un rincrescimento, che fa maggiormente il suo elogio, viene a confondersi fra le testimonianze che si accordano alla sua utilità, ed è che ne sia stata fatta troppo tardi la scoperta: quanti capi d' opera, antichi e moderni, ci sarebbero stati conservati da quest' arte così utile! E per non parlare se non di ciò di cui siamo stati testimonj, se la vostr' arte, signore, fosse stata scoperta prima, non ritroveremmo ancora per infiammarci, per inalzarci e per istruirci, il principe del foro francese, il nostro inimitabile modello, *Gerbier?* Non ritroveremmo noi i luminosi e dotti concetti di quel giovane magistrato, il quale è stato troppo poco tempo l' ornamento di due corti sovrane della capitale, oggetto dell' amore del foro, del rispetto dei litiganti, e dell' ammirazione universale?

Non solo per raccogliere un' aringa o discorso pubblico, ho fatto uso della vostr' arte, ma mi è accaduto più volte, in materia di discussione legale, dopo essermi ben penetrato del soggetto, di dettare ad uno dei vostri iniziati, in tre o quattr' ore, una memoria di cinquanta a sessanta pagine, alla cui composizione cinque o sei giorni sarebbero appena bastati. Prendendo la precauzione di far trascrivere a mezzo margine la composizione dettata, si può dare alla stampa con qualche leggero cambiamento, e specialmente con alcune modificazioni.

Finisco col ricordare in favore della stenografia un' autorità, a cui certamente non si penserebbe; essa è di Gio: Giacomo Rousseau, morto molto tempo prima della sua scoperta. Egli racconta (non so in quale delle sue opere), che meditando, in una delle sue passeggiate, sul soggetto proposto dall' accademia di Digione sulle arti e le scienze, fu all' improvviso come assediato da una folla d' idee, di pensieri e di affetti così moltiplicati e così violenti, che fu obbligato sedere a piè d' un albero, cercando di raccoglierne alla meglio le più importanti; che però non potè in quel momento scrivere e comporre se non la prosopopea di *Fabricio*. Aggiunge (mi sembra), che se avesse potuto in quell' istante fissare sulla carta con sufficiente attività i suoi pensieri, il suo discorso sarebbe stato mille volte superiore a quello che ne abbiamo.

Eccovi, signore, in favore della stenografia, un' autorità di molto maggior rilievo che non è la mia, emanata da un uomo di tanto ingegno, che sentiva il bisogno di quest' arte, senza prevederne l' invenzione; dessa è un attestato di cui potete giustamente insuperbirvi.

Gradite, signore, i sentimenti della mia perfetta stima.

BONNET.

FINE.

Lightning Source UK Ltd.
Milton Keynes UK
UKHW030632081021
391877UK00008B/683